AF895337

Money, Currency and Finance
Geld, Währung und Finanzen

Edited by | Herausgegeben von
Prof. Dr. Dr. h.c. Helmut Siekmann
Prof. Volker Wieland, Ph.D.

Volume 2 | Band 2

Benjamin Beck

Gesetzliche Zahlungsmittel und Annahmezwang

Eine privatrechtliche Untersuchung unter Berücksichtigung des deutschen und europäischen Rechts

Nomos

Onlineversion
Nomos eLibrary

Die Deutsche Nationalbibliothek verzeichnet diese Publikation in der Deutschen Nationalbibliografie; detaillierte bibliografische Daten sind im Internet über http://dnb.d-nb.de abrufbar.

ISBN 978-3-8487-7329-9 (Print)
ISBN 978-3-7489-1336-8 (ePDF)

1. Auflage 2022
© Nomos Verlagsgesellschaft, Baden-Baden 2022. Gesamtverantwortung für Druck und Herstellung bei der Nomos Verlagsgesellschaft mbH & Co. KG. Alle Rechte, auch die des Nachdrucks von Auszügen, der fotomechanischen Wiedergabe und der Übersetzung, vorbehalten. Gedruckt auf alterungsbeständigem Papier.

Vorwort

Die vorliegende Arbeit ist in ihrer ursprünglichen Fassung im Jahr 2018 als Magisterarbeit am Fachbereich Rechtswissenschaften der Goethe-Universität Frankfurt am Main eingereicht worden. Sie verdankt ihre Entstehung vor allem meinen akademischen Mentoren Prof. Dr. Dr. h.c. Helmut Siekmann und Prof. Dr. Alexander Peukert, die mich nicht nur bei zahlreichen Forschungsprojekten, sondern auch in der Bewertung dieser Arbeit durch die zügige Erstellung des Erst- bzw. Zweitgutachtens unterstützt haben. Seit der Entstehung dieser Arbeit ist die Debatte über die Rolle von Euro-Banknoten und -Münzen als gesetzliches Zahlungsmittel fortgeführt worden, was die gegenwärtige (und deutlich erweiterte) Fassung reflektiert.

Mein besonderer Dank gilt Prof. Dr. Dr. h.c. Helmut Siekmann, der mir bereits als junger Student die Möglichkeit gegeben hat, als Hilfskraft an seiner Professur zu arbeiten. Insbesondere die Teilnahme an regelmäßigen Lehrveranstaltungen der Professur hat mein Interesse für das Gebiet des Geld- und Währungsrechts geweckt. Ich schätze mich glücklich, dass ich mit vielen ehemaligen Kolleg*innen der Professur noch immer freundschaftlich verbunden bin. Auch danke ich meinem Doktorvater Prof. Dr. Alexander Peukert, der mich nicht nur bei meinem Dissertationsvorhaben, sondern auch bei anderen Forschungsprojekten (etwa zum Thema Bitcoin) stets unterstützt hat und dies immer noch tut.

Frankfurt am Main, Januar 2022

Inhaltsverzeichnis

Abbildungsverzeichnis

A. Einleitung

In Deutschland gilt Bargeld (auf Euro lautende Banknoten und Münzen) als gesetzliches Zahlungsmittel. Trotz einer zunehmenden Popularität von (unbaren) elektronischen Zahlungsinstrumenten ist die Bedeutung des Bargeld-Zahlungsverkehrs in Deutschland, insbesondere bei Einzelhandelstransaktionen, weiterhin groß. Nach den Ergebnissen einer im Jahr 2018 von der Deutschen Bundesbank veröffentlichten Studie zum Thema „Zahlungsverhalten in Deutschland" begleichen Privatpersonen, mit der Ausnahme von wiederkehrenden Zahlungen (bspw. Mietzahlungen), 47,6 Prozent der Umsätze für Waren und Dienstleistungen mit Banknoten und Münzen.[1] Bezogen auf die gesamte Anzahl derjenigen Transaktionen, die am Verkaufsort einer Ware oder Dienstleistung stattfinden, beträgt der Bargeldanteil der Studie zufolge sogar 74,3 Prozent.[2] Auch als Wertaufbewahrungsmittel spielt Bargeld eine nicht unerhebliche Rolle. Beispielsweise ergab eine zwischen Januar und April 2018 von der Deutschen Bundesbank durchgeführte Studie zu Ausmaß und Motiven der Aufbewahrung von Bargeld in deutschen Haushalten, dass Privatpersonen pro Kopf durchschnittlich 1.364 Euro Bargeld „außerhalb des Geldbeutels" (bspw. in einem Bankschließfach) aufbewahrten.[3]

Obgleich der hohen Bedeutung, die Bargeld als Zahlungs- und Wertaufbewahrungsmittel – jedenfalls in Deutschland – nach wie vor genießt, haben sich insbesondere auf europäischer Ebene die Diskussionen über die Zukunft des Bargeld-Zahlungsverkehrs intensiviert. In einem Bericht vom 12. Juni 2018 gab die Europäische Kommission allerdings bekannt, „momentan" keine Gesetzgebungsinitiativen zum Thema Barzahlungsbeschränkungen in Erwägung zu ziehen.[4] Dies vor allem, da im Rahmen einer von ihr durchgeführten öffentlichen Konsultation Barzahlungsbeschränkungen von der überwiegenden Mehrheit (94,94 Prozent) der be-

---

1 Deutsche Bundesbank, Zahlungsverhalten in Deutschland 2017, 2018, S. 24.

2 Ebd., S. 25.

3 Deutsche Bundesbank, Bargeldverwendung in Deutschland, 2020, S. 19.

4 Kommission, Bericht an das Europ. Parlament und den Rat über Barzahlungsbeschränkungen, veröff. am 12.06.2018, COM(2018) 483 final, abrufbar unter: https://ec.europa.eu/transparency/regdoc/rep/1/2018/DE/COM-2018-483-F1-DE-MAIN-PART-1.PDF.

fragten EU-Bürger „klar abgelehnt" wurden.[5] In einem neuerlichen Diskussionspapier vom Januar 2021 erwägt die EU-Kommission allerdings erneut, eine EU-weite Obergrenze für Barzahlungen i.H. von 10.000 Euro als mögliche Maßnahme gegen Geldwäsche festzulegen; auch, um Unterschiede zwischen den Mitgliedstaaten im Hinblick auf nationale Bargeldobergrenzen zu minimieren.[6]

Im Unterschied zu anderen EU-Mitgliedstaaten (bspw. Frankreich)[7] existiert eine gesetzliche Obergrenze für Bargeldzahlungen in Deutschland bisher nicht. Jedoch können Bargeldzahlungen auch in Deutschland jedenfalls nicht mehr unbegrenzt anonym erfolgen. Nach der – in Umsetzung des Europarechts – am 26. Juni 2017 in Kraft getretenen Neufassung des § 10 Abs. 6 GwG[8] haben Güterhändler bei allen Transaktionen, bei denen sie Barzahlungen in Höhe von mindestens 10.000 Euro tätigen oder entgegennehmen (zuvor 15.000 Euro), mitunter eine Identifizierung des Vertragspartners vorzunehmen. Weitere bargeldrelevante Gesetzesinitiativen sind, Stand April 2019, nach Angaben der Bundesregierung allerdings nicht geplant.[9]

Neben dem Für und Wider einer Abschaffung oder Beschränkung des Bargeld-Zahlungsverkehrs waren auch die Rechtswirkungen, die mit dem Status eines gesetzlichen Zahlungsmittels einhergehen, ein Thema in der gesellschaftlichen und politischen Debatte. So wurden etwa Berichte, wonach Fahrgäste von der Benutzung von öffentlichen Personennahverkehrsmitteln ausgeschlossen wurden, weil sie u.a. mit zehn Zwei-Cent-Münzen bezahlen wollten,[10] zum Gegenstand einer kleinen Anfrage an die Hamburgische Bürgerschaft.[11] Auch beklagte in einer Petition an den Deutschen Bundestag vom 25. August 2008 der Petent beispielsweise die Tatsache, dass Unternehmen des Einzelhandels- und Dienstleistungssektors ver-

5 Ebd., S. 3 ff.

6 Hierzu etwa *Finke*, in: Süddeutsche Zeitung, veröff. am 22.01.2021, abrufbar unter: https://www.sueddeutsche.de/wirtschaft/eu-bargeld-grenze-1.5183566.

7 Siehe Art. L 112–6 i.V. mit Art. D 112 -3 des Code monétaire et financier.

8 BGBl. I 2017, S. 1822 ff.

9 Siehe als Indiz etwa die Antw. der ebenfalls CDU/CSU-SPD-geführten BReg (18. Leg.Per.) auf eine kl. Anfr. v. 18.07.2017, BT-Drucks. 18/13154, S. 3 f. („Andere bargeldrelevante gesetzgeberische Überlegungen [jenseits europäischer Gesetzgebungsvorschläge] hat die Bundesregierung nicht. […] Jeglicher Idee, das Bargeld abzuschaffen werden wir entschieden entgegentreten.").

10 Siehe etwa *Goebel/Bastreri*, in: Badische Zeitung, veröff. am 26.09.2012, abrufbar unter: http://www.badische-zeitung.de/freiburg/verstoesst-die-vag-gegen-das-recht-wenn-sie-muenzen-ablehnt--64015692.html.

11 Antw. der Bürgersch. HH auf eine Kl. Anfr. v. 29.03.2016, Drucks. 21/3742.

stärkt die Annahme von Euro-Banknoten mit einem hohen Nominalwert (insb. 200 Euro und 500 Euro) ablehnten.[12] Der Petent forderte durch seine Eingabe den Deutschen Bundestag auf, durch Gesetz oder Verordnung die Eigenschaft des Euro-Bargeldes als gesetzliches Zahlungsmittel und die mit dieser Eigenschaft einhergehende Annahmepflicht in der Öffentlichkeit bekannter zu machen. Das Petitionsanliegen wurde ausweislich der Webseite des Petitionsausschusses von insgesamt 394 Online-Mitzeichnern unterstützt.[13]

Am 10. Februar 2010 schloss der Deutsche Bundestag das Petitionsverfahren ab, ohne im Sinne des in der Petition vorgetragenen Anliegens tätig zu werden.[14] Unter Bezugnahme auf eine Stellungnahme des Bundesfinanzministeriums vom 11. Mai 2009 begründete der Bundestag seine für den Petenten negative Entscheidung mit der Auffassung, dass die „währungsrechtliche Annahmepflicht von Euro-Bargeld“ von der „zivilrechtlichen Vertragshoheit“ überlagert werde.[15] Einem Unternehmen sei es demnach möglich, die „Bedingungen, zu denen es einen Vertrag abschließen will, grundsätzlich frei zu bestimmen.“[16] Aus diesem Grund stelle es „keinen Verstoß gegen die Pflicht zur Annahme gesetzlicher Zahlungsmittel dar, die Zahlung mit bestimmten Banknotenstückelungen zu vereinbaren oder auszuschließen.“[17]

Welche Bedeutung den als gesetzliches Zahlungsmittel geltenden Medien im Privatrechtsverkehr demnach überhaupt zukommt, ist Gegenstand des nachfolgenden Beitrags. In diesem Rahmen soll insbesondere thematisiert werden, unter welchen Voraussetzungen die Leistung gesetzlicher Zahlungsmittel ein den Anforderungen des § 294 BGB entsprechendes Leistungsangebot darstellen kann; auch, inwieweit die Leistung gesetzlicher Zahlungsmittel individualvertraglich oder mittels AGB ausgeschlossen oder beschränkt werden kann. Der Beantwortung dieser Fragen vor-

---

12 Petition Id-Nr. 1575.

13 https://epetitionen.bundestag.de/petitionen/_2008/_12/_25/Petition_1575.nc.html.

14 BTag Petitionsauss., Abschlussbegr. Petition Id-Nr. 1575.

15 Ebd., S. 2.

16 Ebd., S. 2.

17 Ebd., S. 2; die Originalstellungnahme des BMF v. 11.05.2009, die dem Verf. vorliegt, nimmt ausdr. noch auf die „Art der Bezahlung“ Bezug („[Aufgrund des Vorrangs der zivilrechtlichen Vertragshoheit] ist es beispielsweise auch zulässig, eine bestimmte Art der Bezahlung (z.B. Barzahlung, Kartenzahlung) oder die Zahlung mit bestimmten Banknotenstückelungen zu vereinbaren oder auszuschließen.“).

angestellt ist eine Definition der als gesetzliches Zahlungsmittel geltenden Medien sowie eine Analyse der mit dem Status eines gesetzlichen Zahlungsmittels einhergehenden Rechtswirkungen für den Privatrechtsverkehr. Im Rahmen einer Begriffsanalyse soll zudem der Begriff des gesetzlichen Zahlungsmittels insbesondere vom juristischen Geldbegriff und dem Begriff des „gesetzlich zugelassenen Zahlungsmittels" abgegrenzt werden.

B. Die als gesetzliches Zahlungsmittel geltenden Medien

Die gemäß Art. 2 Abs. 1 i.V. mit Art. 3 Abs. 1 Buchst. c) AEUV ausschließliche Zuständigkeit der EU im Bereich der Euro-Währungspolitik umfasst die Kompetenz zur Bestimmung eines gesetzlichen Zahlungsmittels.[18] Von dieser Kompetenz hat die EU im Rahmen des europäischen Primär- und Sekundärrechts Gebrauch gemacht. Seit der Bargeldeinführung des Euro am 1. Januar 2002 sind die von der EZB und den nationalen Zentralbanken ausgegebenen Euro-Banknoten sowie die von den Mitgliedstaaten ausgegebenen Euro-Münzen die einzigen Medien, die im Währungsgebiet der sog. Eurozone („Mitgliedstaaten, deren Währung der Euro ist", vgl. Art. 3 Abs. 1 Buchst. c) AEUV) als gesetzliches Zahlungsmittel gelten.

Das Recht zur Ausgabe von Euro-Banknoten liegt bei der EZB und den nationalen Zentralbanken (Art. 128 Abs. 1 Satz 2 AEUV), wohingegen das Recht zur Ausgabe von Euro-Münzen in der Kompetenz der Mitgliedstaaten verblieben ist (Art. 128 Abs. 2 Satz 1 AEUV). Zu Zwecken der Vereinheitlichung zwischen den Euro-Mitgliedstaaten kann die EU (durch den Rat der Europäischen Union) jedoch „Maßnahmen erlassen, um die Stückelung und die technischen Merkmale aller für den Umlauf bestimmten Münzen […] zu harmonisieren" (Art. 128 Abs. 2 Satz 2 AEUV). Zwar fehlt für Euro-Banknoten eine entsprechende Vorschrift, die der EZB Kompetenzen im Hinblick auf Harmonisierungsmaßnahmen zuweist. Jedoch wird aus der Vorschrift des Art. 128 Abs. 1 Satz 1 AEUV „über ihren Wortlaut hinaus" abgeleitet, dass die EZB die Stückelungen und technischen

18 So jüngst ausdr. Schlussanträge GA *Pitruzzella* v. 29.09.2020, Verb. Rs. C-422/19 und C-423/19, Rn. 70 („[D]ie ausschließliche Zuständigkeit der Union für die in Art. 3 Abs. 1 Buchst. c AEUV genannte Währungspolitik [… ist] dahin zu verstehen […], dass sie alle Zuständigkeiten und alle Befugnisse umfasst, die für die Schaffung und das reibungslose Funktionieren der einheitlichen Währung, des Euro, erforderlich sind, einschließlich […] die Festlegung und Regelung ihres Status und ihrer Eigenschaft eines gesetzlichen Zahlungsmittels"), Rn. 96 („Die […] Befugnis der Union, die Eigenschaft eines gesetzlichen Zahlungsmittels festzulegen, schließt […] die Befugnis mit ein, […] die Instrumente festzulegen, die in der Eurozone gesetzliche Zahlungsmittel sind."); ebenso *Siekmann*, IMFS Working Paper Series Nr. 122 (2018), Rn. 28; *Omlor*, EuZW 2021, 480, 482; *Papaschalis*, in: v. der Groeben/Schwarze/Hatje (Hrsg.), Europäisches Unionsrecht, 7. Aufl. 2015, Art. 128 Rn. 50.

Merkmale derjenigen Euro-Banknoten bestimmen kann, deren Ausgabe sie genehmigt.[19]

Während bei Euro-Münzen die währungsrechtlich verfügte Pflicht zur Annahme im Hinblick auf die Anzahl der anzunehmenden Münzen oder den anzunehmenden Betrag beschränkt ist, gelten Euro-Banknoten als unbeschränktes gesetzliches Zahlungsmittel.

I. Unbeschränktes gesetzliches Zahlungsmittel: Auf Euro lautende Banknoten

Nach Art. 128 Abs. 1 Satz 3 i.V. mit Art. 3 Abs. 1 Buchst. c) AEUV haben auf Euro lautende Banknoten in allen EU-Mitgliedstaaten, deren Währung der Euro ist, die Eigenschaft eines gesetzlichen Zahlungsmittels. Inhaltsgleiche Bestimmungen sind in Art. 16 Satz 3 der Satzung des ESZB und der EZB[20] sowie in Art. 10 der Verordnung (EG) Nr. 974/98 über die Einführung des Euro (EuroEinfVO)[21] enthalten. Die Satzung des ESZB und der EZB ist den europäischen Verträgen als Protokoll beigefügt und damit – normhierarchisch gleichrangig mit Art. 128 Abs. 1 Satz 3 AEUV – Bestandteil des europäischen Primärrechts (Art. 51 EUV i.V. mit Art. 129 Abs. 2 AEUV). Die nationale Vorschrift des § 14 Abs. 1 Satz 2 BBankG wiederholt den Regelungsgehalt der vorgenannten unionsrechtlichen Bestimmungen für den Geltungsbereich des Bundesbankgesetzes,[22] wobei gegenwärtig strittig ist, ob die Vorschrift über den Regelungsgehalt von Art. 128 Abs. 1 Satz 3 AEUV hinausgeht und daher aufgrund der ausschließlichen Zuständigkeit der EU im Bereich der Euro-Währungspolitik nicht anzuwenden ist. Der EUGH stellte in einem jüngst ergangenen Vorabentscheidungsverfahren jedenfalls fest, dass die ausschließliche Zuständigkeit der Union im Bereich der Währungspolitik einen Mitgliedstaat daran hindert, „eine Vorschrift zu erlassen, die [...] die rechtliche Ausgestaltung des Status der Euro-Banknoten als gesetzliches Zahlungsmittel determiniert".[23] Ob dies auf § 14 Abs. 1 Satz 2 BBankG zutrifft, bleibt insbesondere einer Auslegung des vorlegenden Gerichts (hier: des BVerwG) vorbehalten (dazu sogleich).

---

19 So etwa *Beutel*, Differenzierte Integration in der [EWU], 2006, S. 94 mit w. Nachw.

20 Konsolidierte Fassung ABl. EU 2012, Nr. C 326/230 ff.

21 ABl. EG 1998, Nr. L 139/1 ff.

22 Vgl. *Herrmann*, Währungshoheit, Währungsverfassung und subjektive Rechte, 2010, S. 314.

23 EUGH, Urt. v. 26.01.2021, Verb. Rs. C-422/19 und C-423/19, Rn. 58.

1. Unbeschränkter Annahmezwang

Der Status von Euro-Banknoten als *unbeschränktes* gesetzliches Zahlungsmittel ist ausdrücklich nur in § 14 Abs. 1 Satz 2 BBankG festgelegt. Art. 128 Abs. 1 Satz 3 AEUV statuiert hingegen nur, dass Euro-Banknoten die einzigen Banknoten sind, die in der Union als gesetzliches Zahlungsmittel gelten; selbiges gilt für Art. 10 der EuroEinfVO. Es ist daher nicht eindeutig, ob und inwieweit § 14 Abs. 1 Satz 2 BBankG aufgrund der Verwendung des Wortes „unbeschränkt" ein eigenständiger Regelungsgehalt zukommt.

Nach teilweise vertretener Ansicht kann dadurch, dass die Annahmepflicht von Euro-Banknoten im Gegensatz zu Euro-Münzen weder im primären noch im sekundären Unionsrecht beschränkt ist, bereits auf Ebene des Europarechts aus einem Umkehrschluss gefolgert werden, dass Euro-Banknoten im Grundsatz unbeschränkt anzunehmen sind.[24] Diese (einleuchtende) Auffassung findet auch eine Stütze in der Entwurfsbegründung der Bundesregierung zur Neufassung des § 14 BBankG, wonach „[d]er Hinweis auf den Charakter der [… Euro-] Banknoten als ‚unbeschränktes' gesetzliches Zahlungsmittel" lediglich klarstellende Funktion haben sollte, da „hierzu eine ausdrückliche Regelung im Gemeinschaftsrecht fehlt."[25] In der deutschen Literatur wird dennoch strittig diskutiert, ob der Vorschrift des § 14 Abs. 1 Satz 2 BBankG gegenüber Art. 128 Abs. 1 Satz 3 AEUV ein eigenständiger Regelungsgehalt oder nur deklaratorische Bedeutung zukommt.[26]

Aufgrund einer Vorlagefrage des BVerwG wurde das Verhältnis von Art. 128 Abs. 1 Satz 3 AEUV und § 14 Abs. 1 Satz 2 BBankG jüngst auch vor dem EUGH thematisiert.[27] In seinen Schlussanträgen vom 29. September 2020 hat Generalanwalt *Pitruzzella* u.a. festgestellt, dass sich

---

24 *Ohler*, Europäische Kapital- und Zahlungsverkehrsfreiheit, 2002, Art. 56 EGV Rn. 70; siehe auch *Müller*, in: Deutsche Bundesbank (Hrsg.), 3. Bargeldsymposium der Deutschen Bundesbank, 2016, S. 65 („Aus den Artikeln 10 und 11 der Euro-Einführungsverordnung kann ein Annahmezwang von Münzgeld bis zu 50 Münzen pro Einzelzahlung und im Umkehrschluss sogar in unbegrenzter Höhe von Euro-Noten abgeleitet werden.").

25 BT-Drucks. 14/1673, S. 15.

26 Nur deklaratorische Bedeutung, siehe u.a. *Danwerth*, Das Finanztransfergeschäft als Zahlungsdienst, 2017 S. 182 mit Fn. 334; wohl auch *Omlor*, EuZW 2021, 480, 483 („[Die Norm trifft] zur Annahmepflicht keine eigenständige Aussage"); für einen eigenständigen Regelungsgehalt wohl *Freimuth*, in: Siekmann (Hrsg.), EWU, 2013, Art. 128 AEUV Rn. 79 f.; ebenso *Wienbracke*, EuzW 2019, 604, 609 („weiterreichende Vorschrift im Vergleich zu Art. 128 [Abs. 1 Satz 3] AEUV").

27 Verb. Rs. C-422/19 und C-423/19.

aus Art. 128 Abs. 1 Satz 3 AEUV nicht entnehmen lasse, „dass die Eigenschaft eines gesetzlichen Zahlungsmittels als ‚unbeschränkt' einzustufen ist."[28] Außerdem sehe Art. 128 Abs. 1 Satz 3 AEUV vor, „dass Euro-Banknoten *die einzigen Banknoten* sind, die in der Union als gesetzliches Zahlungsmittel gelten", wohingegen in § 14 Abs. 1 Satz 2 BBankG das Konzept zum Ausdruck zum Ausdruck komme, „dass Euro-Banknoten das einzige Instrument – *das einzige Zahlungsmittel* – sind, das ein unbeschränktes gesetzliches Zahlungsmittel ist" (Hervorh. durch den Verf.).[29] Es sei daher unklar ob § 14 Abs. 1 Satz 2 BBankG „einen eigenen Sinn und Zweck hat, der den unionsrechtlichen Begriff [...] eines gesetzlichen Zahlungsmittels ergänzen soll".[30]

Das in dieser Sache ergangene Urteil des EUGH vom 26. Januar 2021 hat ebenfalls nicht abschließend entschieden, ob § 14 Abs. 1 Satz 2 BBankG eine eigenständige Regelung über „die rechtliche Ausgestaltung des Status der Euro-Banknoten als gesetzliches Zahlungsmittel"[31] trifft. Vielmehr sei es Sache des vorlegenden Gerichts (hier: BVerwG), „zu prüfen, ob § 14 Abs. 1 Satz 2 BBankG in Anbetracht seines Ziels und seines Inhalts als eine Maßnahme [...] zu verstehen ist, die im Rahmen der eigenen Befugnisse der Mitgliedstaaten erlassen wurde."[32] Die diesbezügliche Entscheidung des BVerwG liegt allerdings noch nicht vor.

2. Zahlungsmitteleigenschaft von 500-Euro-Banknoten

Aus dem Status eines unbeschränkten gesetzlichen Zahlungsmittels folgt, dass jeder Gläubiger einer Geldforderung vom Schuldner grundsätzlich Euro-Banknoten in unbegrenztem Umfang und in jeder Stückelung als ordnungsgemäße Erfüllung seiner Forderung annehmen muss.[33] Die Stü-

---

28 Schlussanträge GA *Pitruzzella* v. 29.09.2020, Verb. Rs. C-422/19 und C-423/19, Rn. 148.

29 Ebd., Rn. 149.

30 Ebd., Rn. 152.

31 EUGH, Urt. v. 26.01.2021, Verb. Rs. C-422/19 und C-423/19, Rn. 58.

32 Ebd., Rn. 57.

33 Siehe hierzu *Verbeck*, Einführung in die Bargeldökonomie der [BRD], 2017, S. 38 („Das Zusatzattribut ‚unbeschränkt' bedeutet, dass die in Euro denominierten Banknoten in jeder Stückelung und in jeder Betragshöhe angenommen werden müssen."); *Ders.*, Bankhistorisches Archiv 41 (2015), 67, 69; *v. Spindler/Becker/Starke*, Die Deutsche Bundesbank, 4. Aufl. 1973, § 14 BBankG S. 285. („obligatorisches Geld, das ohne Rücksicht auf die Höhe der zu zahlenden Summe [...] angenommen werden muß"); *Gramlich*, BBankG, WährungsG, MünzG, 1988,

ckelungen (5, 10, 20, 50, 100, 200 und 500 Euro) und technischen Merkmale der ersten und zweiten Euro-Banknotenserie sind in Art. 1 des neugefassten Beschlusses der EZB über die Stückelung, Merkmale und Reproduktion sowie den Umtausch und Einzug von Euro-Banknoten vom 19. April 2013 festgelegt.[34]

Am 4. Mai 2016 hat der Rat der EZB zwar beschlossen, die Herstellung und Ausgabe der 500-Euro-Banknote gegen Ende des Jahres 2018 „dauerhaft einzustellen und sie nicht in die Europa-Serie [zweite Euro-Banknotenserie, Anm. des Verf.] aufzunehmen."[35] Die derzeit umlaufenden 500-Euro-Banknoten der ersten Euro-Banknotenserie gelten nach Angaben der EZB allerdings auch nach dem Datum ihrer Ausgabeeinstellung weiterhin als gesetzliches Zahlungsmittel und sollen „unbefristet bei den nationalen Zentralbanken des Eurosystems" gegen andere Euro-Banknoten-Stückelungen umgetauscht werden können.[36] Es ist daher – jedenfalls in naher Zukunft – nicht zu erwarten, dass die EZB im Wege eines neu gefassten Beschlusses die als gesetzliches Zahlungsmittel geltenden Euro-Banknoten auf sechs Stückelungen von fünf Euro bis 200 Euro reduzieren wird. Als gesetzliche Zahlungsmittel unterliegen 500-Euro-Banknoten daher auch nach dem Datum ihrer Ausgabeeinstellung im Privatverkehr weiterhin einer grundsätzlich unbeschränkten Annahmepflicht.

II. Beschränktes gesetzliches Zahlungsmittel: Auf Euro lautende Münzen

Im Unterschied zu auf Euro lautenden Banknoten ist der Status von auf Euro und Cent lautenden Münzen als gesetzliches Zahlungsmittel nicht (ausdrücklich) im Primärrecht der Europäischen Union verankert. Er folgt sekundärrechtlich für Euro-Umlaufmünzen aus Art. 11 Satz 2 der EuroEinfVO und für Euro-Sammlermünzen jedenfalls aus Art. 5 Abs. 1

---

§ 14 BBankG [1957] Rn. 14 („Annahme-Verpflichtung ist [...] nicht dem Betrage nach beschränkt"); *Wienbracke*, EuzW 2019, 604, 609 („i.d.R. in unbegrenzter Stückzahl anzunehmen"); vgl. auch die Begr. der BReg. zur Entwurfsfassung von § 14 BBankG 1957 (im Entwurf noch § 10), BT-Drucks. 2/2781, S. 34 („Noten der Bundesbank [müssen] in unbeschränkter Höhe angenommen werden.").

34 ABl. EU 2013, Nr. L 118/37 ff., zuletzt geänd. durch Beschl. (EU) 2019/669 der EZB v. 04.04.2019, ABl. EU 2019, Nr. L 113/6 ff.

35 EZB, Pressemitteilung v. 04.05.2016, „EZB stellt Produktion und Ausgabe der 500-€-Banknote ein", abrufbar unter: https://www.ecb.europa.eu/press/pr/date/2016/html/pr160504.de.html.

36 Ebd.

der Verordnung (EU) Nr. 651/2012 über die Ausgabe von Euro-Münzen (EuroMünzAusgVO)[37]. Ebenfalls im Unterschied zu auf Euro lautenden Banknoten ist der Zwang zur Annahme von auf Euro und Cent lautenden Münzen beschränkt.

Eine Beschränkung der auch für Münzen in ihrer Eigenschaft als gesetzliches Zahlungsmittel grundsätzlich bestehenden Annahmepflicht ist – jedenfalls hinsichtlich ihres Umfangs – rechtfertigungsbedürftig. Etwa in der Begründung der Bundesregierung zur Entwurfsfassung von § 2 MünzG 1950 wird die Beschränkung der Annahmepflicht für D-Mark- und Pfennig-Münzen mit der Erforderlichkeit zur „Aufrechterhaltung eines geordneten Zahlungsverkehrs" gerechtfertigt.[38] Durch eine Beschränkung der Annahmepflicht von D-Mark- und Pfennig-Münzen auf einen Betrag von 20 Deutsche Mark bzw. 5 Deutsche Mark sollte seinerzeit u.a. „verhindert werden, daß im gewöhnlichen Verkehr auf hohe Summen lautende Zahlungsverpflichtungen durch Übergabe großer Mengen von Münzen beglichen werden."[39] Der Umfang der Beschränkung der Annahmepflicht für Münzen ist jedoch historisch betrachtet keineswegs eine statische Größe und unterscheidet sich beispielsweise insbesondere zwischen Euro-Umlauf- und Euro-Sammlermünzen.

1. Euro-Umlaufmünzen

Nach Art. 11 Satz 3 der EuroEinfVO ist „mit Ausnahme der ausgebenden Behörde [...] niemand verpflichtet, mehr als fünfzig Münzen bei einer einzelnen Zahlung anzunehmen." Eine in diesem Umfang grundsätzlich bestehende Annahmepflicht gilt für alle „für den Umlauf bestimmten Münzen" (Art. 11 Satz 1 der EuroEinfVO i.V. mit Art. 128 Abs. 2 Satz 2 AEUV), und zwar unabhängig davon, ob die Leistung von Münzen gegenüber natürlichen oder juristischen Personen des privaten oder öffentlichen Rechts erfolgt.[40] Die Stückelungen (1, 2, 5, 10, 20, 50 Cent, 1 und 2 Euro) und technischen Merkmale der für den Umlauf bestimmten Euro-Münzen sind in der neugefassten Verordnung (EU) Nr. 729/2014 (EuroMünzVO)[41] für

---

37 ABl. EU 2012, Nr. L 201/135 ff.

38 BT-Drucks. I/806, S. 5.

39 BT-Drucks. I/806, S. 5.

40 Vgl. *Gramlich*, BBankG, WährungsG, MünzG, 1988, § 3 MünzG [1950] Rn. 5 („[Unter dem Begriff ‚Niemand' i.S. des § 3 MünzG 1950] sind natürliche wie juristische Personen (des privaten und des öffentlichen Rechts) zu verstehen").

41 ABl. EU 2014, Nr. L 194/1 ff.

den gesamten Euro-Währungsraum einheitlich festgelegt. Alle acht Euro-Münzen-Stückelungen gelten im gesamten Euro-Währungsgebiet daher als gesetzliches Zahlungsmittel.

a) 1- und 2-Cent-Münzen und nationale Rundungsregeln

Aufgrund der EU-einheitlichen Gesetzgebung gelten 1- und 2-Cent-Münzen selbstverständlich auch in denjenigen Euro-Mitgliedstaaten als gesetzliche Zahlungsmittel, die gesetzliche Rundungsregeln für den nationalen Bargeldverkehr eingeführt haben. Beispielsweise nach § 1 Abs. 2 des finnischen Gesetzes über die Rundung von auf Euro lautenden Zahlungen[42] soll eine in Euro zu bewirkende Zahlung, deren Betrag auf 3 oder 4 Cent endet, auf den nächsten durch 5 teilbaren Cent-Betrag gerundet werden. Wie etwa auch die Europäische Kommission ausdrücklich feststellt, haben derartige oder ähnliche nationale Rundungsregelungen keine Auswirkungen auf den Status von 1- und 2-Cent-Münzen als gesetzliches Zahlungsmittel in den betreffenden Mitgliedstaaten. Insbesondere sollen nach dem Willen der Kommission nationale Rundungsregelungen in einer Weise ausgelegt werden, wonach zur Begleichung einer gerundeten Zahlungsverpflichtung weiterhin 1- und 2-Cent-Münzen geleistet werden dürfen:

> "*[I]t must be understood that any rounding habits in the euro area, either legally binding or by social convention, cannot alter the legal tender status of 1 and 2 euro cent coins as of any other euro cent coin. Only EU rules could change this situation. Existing rounding rules must be interpreted and applied in the light of the principle of the legal tender of euro cash, meaning that these coins should continue to be accepted as means of payment in order to pay the rounded sum if the customer wishes to do so.*"[43] *[...]* "*[1 and 2 euro cent coins] continue to be legal tender in the whole euro area [...].*"[44]

In einer Stellungnahme vom 4. September 2018 hat die EZB die rechtliche Einschätzung der Kommission in Bezug auf nationale Rundungsregeln (erneut) inhaltlich bestätigt:

---

42 Gesetz Nr. 890/2000 (Lag om avrundning av betalningar i euro).

43 Arbeitsdok. der Kommissionsdienststellen, Begleitdok. zur Mitt. der Kommission an das Europ. Parlament und den Rat COM(2013) 281 final v. 14.05.2013, SWD(2013) 175 final, S. 17.

44 Ebd., S. 37.

> *"Rounding legislation should not prevent the one and two euro cent coins from being used as a means of payment as they are de jure legal tender in the entire euro area."*[45] *[...] "[Rounding legislation] does not alter the legal tender status of one and two euro cent coins [...], which shall still be accepted for payments if the payer wants to use one or two euro cent coins [... for ...] payments of rounded prices"*.[46]

Sowohl die Kommission als auch die EZB stellen in ihren jeweiligen Ausführungen richtigerweise fest, dass eine Neubestimmung der als gesetzliches Zahlungsmittel geltenden Medien nur auf Ebene des Unionsrechts erfolgen kann. Noch im Jahr 2013 hat sich allerdings die Mehrheit der an der Währungsunion teilnehmenden Mitgliedstaaten im Rahmen einer von der Europäischen Kommission durchgeführten Folgenabschätzung – jedenfalls vorerst – nicht gegen eine Fortsetzung der Ausgabe von 1- und 2-Cent-Münzen ausgesprochen.[47] Als für den Umlauf bestimmte Münzen mit dem Status eines gesetzlichen Zahlungsmittels unterliegen 1- und 2-Cent-Münzen somit im gesamten Euro-Währungsgebiet weiterhin einer, wenn auch stückzahlmäßig beschränkten, Annahmepflicht.

b) Euro-Gedenkmünzen

Nach Art. 2 der EuroMünzVO umfasst der Begriff „Umlaufmünzen" sowohl „reguläre [Umlauf-]Münzen" als auch „Gedenkmünzen", die von den Euro-Mitgliedstaaten „zum Gedenken an ein Ereignis von großer nationaler oder europäischer Bedeutung" (Art. 9 Abs. 1 der EuroMünzVO) ausgegeben werden. Gemäß Art. 9 Abs. 3 der EuroMünzVO dürfen Euro-Gedenkmünzen nur einen Nennwert von 2 Euro haben.

Als für den Umlauf bestimmte Münzen sind die von den Euro-Mitgliedstaaten ausgegebenen 2-Euro-Gedenkmünzen (etwa die deutsche 2-Euro-Gedenkmünzen-Serie „Bundesländer")[48] gesetzliches Zahlungsmittel im

---

45 EZB, Stellungnahme CON/2018/41 v. 04.09.2018, Ziff. 2.3; siehe zum Themenkomplex nationale Rundungsregeln auch die inhaltlich weitgehend deckungsgleichen Stellungnahmen CON/2002/15 v. 30.04.2002 sowie CON/2014/6 v. 23.01.2014.

46 Ebd., Ziff. 2.5.

47 Mitt. der Kommission an das Europ. Parlament und den Rat (Fn. 43), S. 8.

48 Siehe hierzu die Bekanntm. über die bisherigen Ausprägungen im Rahmen der Serie „Bundesländer", BGBl. I 2006, S. 8 SH (Ausgabejahr 2006); BGBl. I 2006, S. 2667 MV (2007); BGBl. I 2007, S. 2886 HH (2008); BGBl. I 2008, S. 2341 SL (2009); BGBl. I 2009, S. 3882 HB (2010); BGBl. I 2010, S. 1976 NW (2011);

gesamten Euro-Währungsgebiet. Wohl aufgrund ihrer Attraktivität für Sammler wird Euro-Gedenkmünzen teilweise zwar die Einnahme einer Zwischenstellung zwischen (regulären) Euro-Umlaufmünzen und Euro-Sammlermünzen zugeschrieben.[49] Euro-Gedenkmünzen sind jedoch Umlaufmünzen i.S. des Art. 128 Abs. 2 Satz 2 AEUV, so, dass sich die Grenze ihrer Annahmepflicht nach Art. 11 Satz 3 der EuroEinfVO bestimmt.

In ihrer äußeren Gestaltung unterscheiden sich 2-Euro-Gedenkmünzen von regulären 2-Euro-Umlaufmünzen nur durch eine abweichende Gestaltung der nationalen (Bild-)Seite (Art. 9 Abs. 1, 2 der EuroMünzVO). Die europäische (Wert-)Seite und die Randprägung sind hingegen identisch mit regulären 2-Euro-Umlaufmünzen.

Abb. 1: 2-Euro-Gedenkmünze „Berlin" (Quelle: BGBl. I 2018, S. 1205)

Abb. 2: 2-Euro-Gedenkmünze „30 Jahre Mauerfall" (Quelle: BGBl. I 2019, S. 1542)

BGBl. I 2011, S. 2172 BY (2012); BGBl. I 2013, S 260 BW (2013); BGBl. I 2014, S. 253 NI (2014); BGBl. I 2015, S. 1106 HE (2015); BGBl. I 2016, S. 752 SN (2016); BGBl. I 2017, S. 135 RP (2017); BGBl. I 2018, S. 1205 BE (2018); BGBl. I 2020, S. 132 BB (2020); BGBl. I 2021, S. 258 ST (2021). Die Serie wird im Jahr 2022 mit TH beendet.

49 *Häde*, in: Calliess/Ruffert, EUV/AEUV, 6. Aufl. 2022, Art. 128 AEUV Rn. 12; ähnl. auch *Verbeck*, Einführung in die Bargeldökonomie der [BRD], 2017, S. 45 („eigentümliche Zwitterstellung").

c) Stückzahlmäßige Beschränkung der Annahmepflicht

Nach Art. 11 Satz 3 der EuroEinfVO gilt für alle Euro-Umlaufmünzen grundsätzlich eine einheitliche Mengenbegrenzung von bis zu 50 Münzen bei einer einzelnen Zahlung. Historisch gesehen bildet die Anzahl der anzunehmenden Münzen (Stückgrenze) allerdings keineswegs die einzig mögliche Größe, die zur Bestimmung des Umfangs der Annahmepflicht herangezogen werden kann.

Beispielsweise unter Geltung des deutschen Gesetzes zur Ausprägung von Scheidemünzen vom 8. Juli 1950 (MünzG 1950)[50] war die beschränkende Wirkung für D-Mark-Umlaufmünzen nicht an die Anzahl der anzunehmenden Münzen, sondern wie im Falle von Euro-Sammlermünzen an eine Betragsgrenze (Wertgrenze) geknüpft. Nach § 3 Abs. 1 MünzG 1950 war niemand verpflichtet, „auf Deutsche Mark lautende Münzen im Betrag von mehr als 20 Deutsche Mark und auf Pfennig lautende Münzen im Betrag von mehr als 5 Deutsche Mark in Zahlung zu nehmen." § 13 Abs. 1 des Österreichischen Scheidemünzengesetzes in seiner Fassung aus dem Jahr 1988 knüpfte ebenfalls an eine Wertgrenze an, war jedoch im Hinblick auf die einschlägigen Betragsgrenzen für Münzen je nach Schilling- oder Groschen-Nennwert noch weitaus differenzierter.[51]

Eine Differenzierung im Hinblick auf die annahmepflichtige Menge von Umlaufmünzen je nach Euro- oder Cent-Nennwert existiert im Recht der Europäischen Union nicht. Nach Art. 11 Satz 3 der EuroEinfVO gilt grundsätzlich eine einheitliche Mengenbegrenzung von bis zu 50 Münzen bei einer einzelnen Zahlung.

2. Euro-Sammlermünzen

Neben Euro-Umlaufmünzen kann der Bund gemäß § 2 Abs. 1 Nr. 1 MünzG „als Sammlermünzen" auch „auf Euro lautende Gedenkmünzen (deutsche Euro-Gedenkmünzen)" ausgeben. Materiell entspricht der deut-

---

50 BGBl. 1950, S. 323 ff.

51 Öst BGBl. Nr. 597/1988, 3907 ff.; nach § 13 Abs. 1 des Öst. ScheidemünzenG 1988 waren Scheidemünzen mit einem Nennwert unter 10 Groschen bis zu einem Gesamtbetrag von einem Schilling in Zahlung zu nehmen; Scheidemünzen mit einem Nennwert unter 50 Groschen bis zu einem Gesamtbetrag von 10 Schilling; Scheidemünzen mit einem Nennwert zwischen 50 Groschen und 1 Schilling bis zu einem Gesamtbetrag i.H. von 25 Schilling. Alle anderen Scheidemünzen mit einem Nennwert über 1 Schilling waren ohne Begrenzung anzunehmen.

sche Begriff „Euro-Gedenkmünzen“ dem in Art. 5 der EuroMünzAusgVO verwendeten Begriff „Euro-Sammlermünzen“. Anders als der europäische Verordnungsgeber hat der deutsche Gesetzgeber jedoch nicht klar zwischen den Begriffen Sammlermünzen und Gedenkmünzen differenziert. Für Euro-Gedenkmünzen i.S. des Art. 4 der EuroMünzAusgVO findet in der Terminologie des MünzG der Ausdruck „deutsche Euro-Münzen in Sonderausführung“ Verwendung (§ 2 Abs. 1 Nr. 2 MünzG). Zwar haben sowohl Euro-Gedenk- als auch Euro-Sammlermünzen i.S. der Artt. 4 bzw. 5 der EuroMünzAusgVO den Status eines gesetzlichen Zahlungsmittels. Beide Münzarten unterscheiden sich jedoch hinsichtlich ihrer territorialen Geltung sowie der Grenzen ihrer Annahmepflicht voneinander, so dass eine saubere begriffliche Differenzierung geboten ist.

Nach § 2 Abs. 2 MünzG sind „die deutschen Euro-Gedenkmünzen“ nach Maßgabe der für sie geltenden Wertgrenzen „gesetzliche Zahlungsmittel im [deutschen] Inland“. Als gesetzliche Zahlungsmittel unterliegen deutsche Euro-Gedenkmünzen – Sammlermünzen i.S. des Art. 5 der EuroMünzAusgVO – einer grundsätzlichen Annahmepflicht in Deutschland. Und dies, obwohl Euro-Sammlermünzen originär nicht für den Umlauf bestimmt sind und die Euro-Mitgliedstaaten nach Art. 5 Abs. 5 der EuroMünzAusgVO sogar geeignete Maßnahmen treffen sollen, „damit kein Anreiz besteht, Sammlermünzen als Zahlungsmittel zu verwenden.“

a) Ausgaberecht der Euro-Mitgliedstaaten

Ein Ausgaberecht der Euro-Mitgliedstaaten für Euro-Sammlermünzen, das in der Entwurfsbegründung zum MünzG aus dem Jahr 1999 (noch) aus dem gemeinschaftsrechtlichen „Subsidiaritätsprinzip“ abgeleitet wurde,[52] findet nunmehr auch im Europarecht seine ausdrückliche Bestätigung. Gemäß Art. 5 Abs. 1 i.V. mit EWG 5 der EuroMünzAusgVO dürfen die Euro-Mitgliedstaaten Euro-Sammlermünzen ausgeben, die im jeweiligen Ausgabemitgliedstaat die Eigenschaft eines gesetzlichen Zahlungsmittels haben. Als nicht für den Umlauf bestimmte Münzen müssen sich Euro-Sammlermünzen in ihrer äußeren Gestaltung allerdings von Euro-Umlaufmünzen unterscheiden (Art. 5 Abs. 2 der EuroMünzAusgVO), wobei den Ausgabemitgliedstaaten mangels einer Harmonisierungskompetenz der

52 BT-Drucks. 14/1673, S. 9.

EU im Hinblick auf die Stückelungen und technischen Merkmale von Euro-Sammlermünzen eine weitgehende Entscheidungsfreiheit zukommt.[53]

Die Voraussetzung einer hinreichenden Unterscheidbarkeit zwischen Euro-Sammlermünzen und Euro-Umlaufmünzen findet in § 5 MünzG auch ihren gesetzlichen Niederschlag im deutschen Recht. Die von der Bundesrepublik Deutschland ausgegebenen Euro-Sammlermünzen unterscheiden sich in ihrer äußeren Gestaltung von Euro-Umlaufmünzen vor allem durch ihre Nennwerte, ihren Durchmesser und ihre (metallische) Zusammensetzung. Beispielsweise weisen die seit dem Jahr 2016 jährlich ausgegeben 20-Euro-Sammlermünzen einen Silbergehalt von 925/1.000 (Sterlingsilber) auf.[54] Andere Sammlermünzen-Serien verfügen, um ein weiteres Beispiel zu nennen, zwischen Ring und Pille (dem Rand und dem Kern der Münze) über einen farbigen Polymerring, der nicht nur eine ästhetische Funktion erfüllt, sondern auch als Sicherheitsmerkmal dienen kann (siehe Abb. 5 und 6).[55]

Abb. 3: 20-Euro-Sammlermünze „Tapferes Schneiderlein“ (Quelle: BGBl. I 2019, S. 1398)

53 Art. 128 Abs. 2 Satz 2 AEUV sieht eine Harmonisierungskompetenz nur für Umlaufmünzen vor.

54 Siehe bspw. die Bekanntm. über die Ausprägung der 20-Euro-Gedenkmünze „Tapferes Schneiderlein“, BGBl. I 2019, S. 1398 („[Die Münze] besteht aus einer Legierung von 925 Tausendteilen Silber und 75 Tausendteilen Kupfer“).

55 Siehe bspw. die Bekanntm. über die Ausprägung der 5-Euro-Gedenkmünze „Subtropische Zone“, BGBl. I 2018, S. 1211 („[Die Münze] besteht aus […] einem prägbaren, zwischen Ring und Pille eingefügten, Polymerring.“).

Abb. 4: 50-Euro-(Gold-)Sammlermünze „Kontrabass" (Quelle: BGBl. I 2018, S. 1322)

Abb. 5: 5-Euro-Sammlermünze „Subtropische Zone" (Quelle: BGBl. I 2018, S. 1211)

Abb. 6: 10-Euro-Sammlermünze „An Land" (Quelle: BGBl. I 2020, S. 763)

b) Wertmäßige Beschränkung der Annahmepflicht

Im Hinblick auf den annahmepflichtigen Betrag von Euro-Sammlermünzen gilt nach Maßgabe des § 3 Abs. 1 MünzG eine im Vergleich zu Euro-Umlaufmünzen weitergehende Beschränkung der auch für Euro-Sammlermünzen (in ihrer Eigenschaft als gesetzliche Zahlungsmittel) grundsätzlich bestehenden Annahmepflicht. Das Europarecht selbst enthält im Hinblick auf den annahmepflichtigen Betrag von Euro-Sammlermünzen keine Regelungen, so dass diesbezügliche Bestimmungen weiterhin in den Kompetenzbereich der Ausgabemitgliedstaaten fallen (Subsidiaritätsprinzip). Nach der deutschen Regelung in § 3 Abs. 1 Satz 1 MünzG ist niemand verpflichtet, „deutsche Euro-Gedenkmünzen [Sammlermünzen i.S. des Art. 5 der EuroMünzAusgVO, Anm. des Verf.] im Betrag von mehr als 200 Euro bei einer einzelnen Zahlung anzunehmen." Erfolgt eine einzelne Zahlung sowohl in Euro-Umlaufmünzen als auch in deutschen Euro-Gedenkmünzen, ist auch in diesem Fall niemand verpflichtet, mehr als 50 Münzen bei einer einzelnen Zahlung anzunehmen. Diese Maßgabe gilt auch dann, wenn der geschuldete Gesamtbetrag 200 Euro unterschreitet (§ 3 Abs. 1 Satz 2 MünzG).

Der Höhe nach ist die deutsche Wertgrenze für Euro-Sammlermünzen an verschiedenen Aspekten orientiert. Die noch nach der Erstfassung des MünzG geltende Wertgrenze i.H. von 100 Euro wurde in der Entwurfsbegründung zum MünzG mit der Vermeidung eines zu großen Geschäftsvolumens (bedingt durch höhere Nennwerte von Euro-Sammlermünzen im Vgl. zu Euro-Umlaufmünzen) gerechtfertigt.[56] Ein Betrag i.H. von 100 Euro sollte nach der Begründung der Bundesregierung zu § 3 MünzG „dem wertmäßigen Höchstbetrag" entsprechen, „der sich unter Anlehnung an die Stückregelung (50 Münzen à max. 2 Euro) ergeben würde."[57] Durch die allerdings im Jahr 2008 erfolgte Erhöhung der Wertgrenze von 100 Euro auf 200 Euro sollte seinerzeit dem Umstand Rechnung getragen werden, dass wenige Jahre zuvor „die Ausgabe einer deutschen Eurogedenkmünze im Nennwert von 200 Euro" erfolgt war.[58] Eine weitergehende Rechtfertigung der Wertgrenze, etwa unter dem Gesichtspunkt der Sicherstellung eines ordnungsgemäßen Zahlungsverkehrs, erfolgte nicht.

Gemäß den gesetzlichen Bestimmungen unterliegt somit etwa auch die deutsche 200-Euro-Sammlermünze „Übergang zur Währungsunion – Einführung des Euro"[59] einem grundsätzlichen Annahmezwang in Höhe ihres Nennwerts. Es ist jedoch zu berücksichtigen, dass, bedingt durch ihren Feingoldgehalt, der Materialwert der Münze ihren Nennwert um ein Vielfaches übersteigt.

---

56 BT-Drucks. 14/1673, S. 12.
57 BT-Drucks. 14/1673, S. 12.
58 BT-Drucks. 16/7616, S. 17.
59 Siehe die entspr. Auspräge-Bekanntm., BGBl. I 2002, 1339.

Abb. 7: 200-Euro-Sammlermünze „Übergang zur Währungsunion – Einführung des Euro" (Quelle: BGBl. I 2002, 1339)

III. Historische Entwicklung seit der Reichsgründung

Während das Konzept eines gesetzlichen Zahlungsmittels durchaus weit in die Geschichte zurückreicht, war das Substrat derjenigen Medien, die innerhalb eines Währungsgebietes als gesetzliches Zahlungsmittel gegolten haben, oftmaliger Veränderung unterworfen.[60] Seit der Reichsgründung im Jahr 1871 haben im Hoheitsgebiet der heutigen Bundesrepublik Deutschland etwa Edelmetallwerte, verbriefte Forderungen auf einen Edelmetallwert und Papierscheine als unbeschränktes gesetzliches Zahlungsmittel gegolten. Gegenwärtig wird sogar die Einführung von digitalen gesetzlichen Zahlungsmitteln diskutiert.[61]

Die Unterschiedlichkeit der als gesetzliches Zahlungsmittel geltenden Medien verwundert nicht, denn richtigerweise kann der Gesetzgeber „[d]ie Eigenschaft eines Zahlungsmittels [...] an jedes beliebige Substrat anknüpfen: er kann zum Gelde erklären, was er will".[62] Nachfolgend soll die Entwicklung der als gesetzliches Zahlungsmittel geltenden Medien im Hoheitsgebiet der Bundesrepublik Deutschland seit der Reichsgründung im Jahr 1871 in groben Zügen nachgezeichnet werden. Entwicklungen

60 Vgl. auch *Weenink*, JIBLR 2003, 433, 438 (*„The content of legal tender changes over the course of time."*).

61 Dazu unten Ziff. III. 6.

62 *Laband*, Das Staatsrecht des Deutschen Reiches, Bd. 3, Neudr. der 5. Aufl. 1913, 1964, S. 171; ähnl. *Helfferich*, Studien über Geld- und Bankwesen, 2013, Nachdr. von 1900, S. 50 f. („Die Gesetzgebung kann den Charakter eines gesetzlichen Zahlungsmittels den verschiedenartigsten Gegenständen beilegen, ebenso gut einem Stoff als solchen – z. B. blossen Gewichtsteilen rohen Metalls, – als auch Stoffen in bestimmter Form, wie Metallstückchen von bestimmtem Gepräge oder Papierscheinen mit bestimmter Bedruckung."); *Mises*, Theorie des Geldes und der Umlaufsmittel, 1924, S. 45 („Jeder beliebige Gegenstand kann vom Gesetz als Zahlungsmittel erklärt werden"); vgl. auch *Luttermann*, FB 2008, 193, 194 („Jede Naturalie kann Geld sein").

in der DDR sowie in den reichsdeutschen Kolonien bleiben in der nachfolgenden Darstellung unberücksichtigt. Ebenso finden manche Medien wie beispielsweise zu verschiedenen Zeiten ausgegebene Notgeldscheine und -münzen keine Berücksichtigung.

1. Mark (1871–1923)

Zum Zeitpunkt der Gründung des Deutschen Reichs am 18. Januar 1871 fanden sich im Reichsgebiet verschiedene regionale Geldsysteme vor,[63] die gem. Art. 4 Ziff. 3 der Reichsverfassung vom 16 April 1871[64] durch ein einheitliches Münz- und Papiergeldsystem zu ersetzen waren. Den Grundstein zur Geldreform legte das Gesetz betreffend die Ausprägung von Reichsgoldmünzen vom 4. Dezember 1871 (GoldmünzG).[65] Nach §§ 1–3 GoldmünzG waren auf Mark lautende Reichsgoldmünzen zu 10 und 20 Mark auszuprägen, wobei die Ausprägung von anderen Goldmünzen gemäß § 10 GoldmünzG fortan untersagt war. Die Währungseinheit Mark war eine Gewichtsangabe und entsprach einem Gegenwert von 1/1395 Pfund Feingold (§§ 1, 2 GoldmünzG).

Die deutsche Geldreform wurde durch das Münzgesetz vom 9. Juli 1873 (MünzG 1873)[66] fortgeführt. Nach Art. 2 MünzG 1873 konnten zusätzlich zu den Reichsgoldmünzen zu 10 und 20 Mark auch Reichsgoldmünzen zu fünf Mark ausgeprägt werden. Mit Ausnahme von wenigen noch umlaufenden Landesmünzen, die gemäß Art. 15 MünzG 1873 auch nach der Umstellung auf die Markwährung vorerst weiterhin „bei allen Zahlungen" anzunehmen waren (bspw. österreichische Vereinsthaler),[67] kam grundsätzlich nur Reichsgoldmünzen (Kurantmünzen) der Charakter eines unbeschränkten gesetzlichen Zahlungsmittels zu. Reichsscheidemünzen (Silber-, Nickel- und Kupfermünzen) galten zwar ebenfalls als gesetzliches Zahlungsmittel. Gemäß § 9 Abs. 1 MünzG 1873 war jedoch niemand verpflichtet, „Reichssilbermünzen im Betrage von mehr als zwanzig Mark und Nickel- und Kupfermünzen im Betrage von mehr als einer Mark" anzunehmen.

---

63 Näher *Schultz*, Kleine deutsche Geldgeschichte, 1976, S. 36.
64 RGBl. 1871, S. 63 ff.
65 RGBl. 1871, S. 404 ff.
66 RGBl. 1873, S. 233 ff.
67 Vereinsthaler und Vereinsdoppelthaler österreichischen Gepräges wurden zum 01.01.1901 außer Kurs gesetzt (RGBl. 1900, 1013); Eintalerstücke deutschen Gepräges wurden zum 01.10.1907 außer Kurs gesetzt (RGBl. 1907, 401).

Zwar enthielten weder das GoldmünzG noch das MünzG 1873 ausdrückliche Bestimmungen über den Status als gesetzliches Zahlungsmittel von Reichsgoldmünzen. Allerdings kann aus der in Art. 1 des MünzG 1873 enthaltenen Formulierung, wonach an die Stelle der in Deutschland geltenden Landeswährungen die Reichsgoldwährung tritt, abgeleitet werden, „dass damit den Goldmünzen die Eigenschaft als obligatorisches und definitives Geld zugeteilt ist."[68] Die Reichswährung Mark trat im gesamten Reichsgebiet – zeitgleich mit dem Bankgesetz vom 14. März 1875 (BankG 1875)[69] – am 1. Januar 1876 in Geltung.[70]

Neben den als gesetzliches Zahlungsmittel geltenden Reichskurant- und scheidemünzen liefen im Deutschen Reich auch Banknoten (Noten der Reichsbank und der Privatnotenbanken) sowie Reichskassenscheine (unverzinsliche Schuldscheine des Deutschen Reichs) als „gesetzlich zugelassene Zahlungsmittel"[71] um. Trotz ihrer gewohnheitsrechtlichen Anerkennung als Zahlungsmittel galten Banknoten und Reichskassenscheine jedoch nicht als *gesetzliches* Zahlungsmittel.[72] § 2 BankG 1875 bestimmte ausdrücklich, dass eine „Verpflichtung zur Annahme von Banknoten bei Zahlungen, welche gesetzlich in Geld zu leisten sind", nicht besteht und auch durch ein Landesgesetz für die Staatskassen nicht begründet werden kann. Und dies, obwohl schon seinerzeit einige Mitglieder der am Gesetzentwurfsverfahren beteiligten Kommission „sich zu der Meinung bekannte[n], daß es richtiger sei, den Noten der Reichsbank den Charakter eines gesetzlichen Zahlungsmittels zu geben".[73] Auch für Reichskassenscheine, die ursprünglich zur Ablösung der Länderbanknoten in Thaler- oder Gul-

---

68 So *Breit*, BankG, 1911, S. 67 im Hinblick auf die in § 1 MünzG 1909, RGBl. 1909, S. 507 ff. enthaltene Formulierung „Im Deutschen Reiche gilt die Goldwährung".

69 RGBl. 1875, S. 177 ff.

70 VO betreffend die Einführung der Reichswährung v. 22.09.1875, RGBL 1875, S. 303.

71 Zum Begriff des „gesetzlich zugelassenen Zahlungsmittels" siehe unten Ziff. C. II.

72 *Blumhagen*, Der Begriff der Geldschuld nach gemeinem Rechte, 1898, S. 16; so auch für Reichskassenscheine und -banknoten in den dt. Kolonialgebieten RGZ 107, 78, 83; vgl. auch *Mayer*, Ueber die Annahme von Banknoten an öffentlichen Kassen, 1900, S. 9 („Die Banknoten haben keinen Zwangskurz, jedoch Umlauffähigkeit im ganzen Reichsgebiet, d.h. die Banknoten dürfen im ganzen Reichsgebiet zu Zahlungen verwandt werden, soweit sich jemand findet, der diese Noten annehmen will, wozu aber niemand verpflichtet ist.").

73 Bericht der 8. Komm. über den Entw. eines BankG, Sten. Berichte über die Verhandl. des Dt. Reichstages, 2. Leg.-Periode, II. Session 1874/75, Bd. 4, Anl. Nr. 195, S. 1156.

denwährung bestimmt waren, bestimmte § 5 Abs. 2 des Gesetzes über die Ausgabe von Reichskassenscheinen vom 30. April 1874 (ReichskassenscheinG),[74] dass „[i]m Privatverkehr [...] ein Zwang zu ihrer Annahme nicht statt[findet]." Eine Pflicht zur Inzahlungnahme von Reichskassenscheinen bestand nach § 5 Abs. 1 ReichskassenscheinG nur für „alle Kassen des Reichs und sämtlicher Bundesstaaten".

a) Erhebung von Banknoten zum gesetzlichen Zahlungsmittel

Den Status eines gesetzlichen Zahlungsmittels erlangten (Reichsbank-)Banknoten erstmals mit Wirkung ab dem 1. Januar 1910 durch Art. 3 Satz 1 des Änderungsgesetzes zum Bankgesetz 1875 vom 1. Juni 1909 („Die Noten der Reichsbank sind gesetzliches Zahlungsmittel.").[75] Zwar waren zu diesem Zeitpunkt neben der Reichsbank noch immer vier Privatnotenbanken zur Notenausgabe berechtigt. Die von den Privatnotenbanken herausgegebenen Banknoten galten jedoch weiterhin (lediglich) als gesetzlich zugelassene Zahlungsmittel.[76]

Die Frage der Erhebung der Reichsbanknoten zum gesetzlichen Zahlungsmittel wurde mit Rücksicht auf ihre finanz- und allgemein-politische Bedeutung in der Vorbereitung der Bankgesetznovelle vom 1. Juni 1909 eingehend erörtert. Es bestand seinerzeit, insbesondere in den parlamentarischen Beratungen zur Änderung des Bankgesetzes, allerdings weitgehend Einigkeit darüber, „daß es sich im Grunde nur um die Legalisierung eines tatsächlich seit langer Zeit bestehenden Zustandes handelte, die im Interesse der Sicherheit des Verkehrs ratsam erscheinen mußte."[77] Davon

---

74 RGBl. 1874, S. 40 f.

75 RGBl. 1909, S. 515 ff.

76 Reichsbank (Hrsg.), Die Reichsbank 1901–1925, o.J., Teil I, S. 34; vgl. auch *Obst*, Das Bankgeschäft, Bd. 1, 6. Aufl. 1923, S. 43 („nicht gesetzliche Zahlungsmittel").

77 So die im Jahr 1908 einberufene Bankenenquete-Kommission, siehe Reichsbank (Hrsg.), Die Reichsbank 1901–1925, o.J., I. Teil, S. 30; siehe insb. die Beratungen des Gesetzentw. zur Änd. des BankG, in: Sten. Berichte über die Verhandl. des Reichstages, XII. Leg.-Periode, I. Session 1909, Bd. 235, insb. Redebeitrag des Staatssekretärs *v. Bethmann Hollweg*, 209. Sitzung, S. 7043 („Niemand wird [in der Erhebung der Reichsbanknote zum gesetzlichen Zahlungsmittel] eine Änderung unseres Währungssystems erblicken können. Tatsächlich werden schon heute im Verkehr die Reichsbanknoten in Zahlung angenommen. [...] Es wird dadurch den gegenwärtigen tatsächlichen Verhältnissen eine gesetzlich sanktionierte Grundlage gegeben."); Redebeitrag des Abgeordneten *Kreth*, 209. Sitzung, S. 7049 („Der wichtigste Teil der Vorlage ist die Verleihung der Eigenschaft

ging auch die Begründung des Gesetzesentwurfs zur Änderung des Bankgesetzes aus: „Indem der Entwurf die Banknoten mit der Eigenschaft eines gesetzlichen Zahlungsmittels ausstattet, verleiht er lediglich dem jetzt bestehenden tatsächlichen Zustande, daß die Banknoten vom Verkehre jederzeit als Zahlungsmittel angenommen werden, eine sichere rechtliche Grundlage.“[78]

Den zum Teil im Rahmen der parlamentarischen Auseinandersetzungen geäußerten Bedenken hinsichtlich des weiteren Bestandes der Goldwährung wurde bereits auf Ebene des Gesetzeswortlauts begegnet. Die Vorschrift des § 18 BankG 1875, wonach die Reichsbank verpflichtet war, ihre Banknoten dem Inhaber gegenüber auf Präsentation in „kursfähiges deutsches Geld“ (Kurant- und Scheidemünzen, Anm. des Verf.) einzulösen, blieb von der Erhebung der Reichsbanknoten zum gesetzlichen Zahlungsmittel unberührt. Die Einlösungsverpflichtung der Reichsbank für die von ihr herausgegeben Banknoten wurde in Art. 4 Abs. 1 der Bankgesetznovelle sogar noch dahingehend präzisiert, dass die Einlösung ab dem Zeitpunkt des Inkrafttretens des Gesetzes nicht mehr nur „in kursfähigem deutschen Geld“, sondern „in deutschen Goldmünzen“ zu erfolgen habe. Die Änderung des Wortlauts hatte zur Folge, dass etwa auch 20-Mark-Banknoten „ungeachtet der bis zur Höhe von 20 Mark bestehenden gesetzlichen Zahlkraft der Silbermünzen“ in Gold eingelöst werden mussten.[79] Die Reichsbank blieb außerdem weiterhin verpflichtet, für den Betrag der von ihr in Umlauf gegebenen Banknoten „jederzeit mindestens ein Drittheil in kursfähigem deutschen Gelde, Reichs-Kassenscheinen oder in Gold in Barren oder ausländischen Münzen […] und den Rest in dis-

---

eines gesetzlichen Zahlungsmittels an die Reichsbanknoten […]. Damit wird […] ein tatsächlich bestehender Zustand legalisiert.“); Redebeitrag des Abgeordneten *Mommsen*, 210. Sitzung, S. 7086 („[D]ie Erklärung der Reichsbanknote zum gesetzlichen Zahlungsmittel ist tatsächlich nichts anderes als die gesetzliche Deklaration eines bestehenden Zustandes, eines Zustandes, der sich in mehr als dreißigjähriger Tätigkeit der Reichsbank nun entwickelt hat.“).

78 Begr. des Gesetzentw. zur Änd. des BankG, Sten. Berichte über die Verhandl. des Reichstages, XII. Leg.-Periode, I. Session 1907/1909, Bd. 253, Anl. Nr. 1178, S. 11.

79 Reichsbank (Hrsg.), Die Reichsbank 1901–1925, o.J., I. Teil, S. 30; siehe auch die Begr. des Gesetzentw. zur Änd. des BankG, Sten. Berichte über die Verhandl. des Reichstages, XII. Leg.-Periode, I. Session 1907/1909, Bd. 253, Anl. Nr. 1178, S. 12 („Dadurch wird zweifelsfrei zum Ausdrucke gebracht, daß auch eine einzelne 20 Marknote in Gold eingelöst werden muß, obwohl der Betrag von 20 M[ark] noch innerhalb der […] festgestellten Grenze für die Zahlkraft der Reichssilbermünzen liegt.“).

kontirten Wechseln [...] in ihren Kassen als Deckung bereit zu halten", § 17 BankG 1875.

Im Zuge der Notgesetzgebungen während des Ersten Weltkriegs wurde durch § 2 des Gesetzes, betreffend die Reichskassenscheine und Banknoten vom 4. August 1914 (Reichskassenschein- und BanknotenG)[80] die Einlösungsverpflichtung der Reichsbank für ihre Banknoten „bis auf weiteres" ausgesetzt. Damit haben Reichsbanknoten ihren Charakter als „Inhaberschuldverschreibungen im Sinne des § 793 BGB"[81] verloren. Reichsbanknoten galten jedoch weiterhin als gesetzliches Zahlungsmittel, wobei die im BankG 1875 vorgesehene Dritteldeckung der umlaufenden Banknoten, die eine Begrenzung der Notenausgabe sichern sollte, dadurch an Bedeutung verloren hat, dass neu eingeführte Darlehenskassenscheine zur Dritteldeckung der umlaufenden Reichsbanknoten herangezogen werden konnten.

b) Erhebung von Reichskassenscheinen zum gesetzlichen Zahlungsmittel

Um ein ausreichendes Maß an Liquidität während des Ersten Weltkriegs zu sichern, wurden durch § 1 Reichskassenschein- und BanknotenG „bis auf weiteres" auch Reichskassenscheine zum gesetzlichen Zahlungsmittel erhoben. Da „[d]er Ausbruch des Krieges [...] einen weit über das gewöhnliche Maß gesteigerten Bedarf des Verkehrs an Zahlungsmittel zur Folge" hatte, erschien es dem Gesetzgeber – im Verkehrsinteresse – „geboten, der Verwendung der Reichskassenscheine als Zahlungsmittel, die tatsächlich allgemein besteht, eine gesetzliche Grundlage zu geben, um einer [...] Zurückweisung bei Zahlungsleistungen vorzubeugen."[82] Als „gesetzliches Zahlungsmittel" waren Reichskassenscheine den Reichsbanknoten gleichgestellt;[83] „für sie bestand also nunmehr Annahmezwang".[84] Die Einlösungspflicht der Reichshauptkasse für die von ihr ausgegebenen Kassenscheine wurde durch §§ 2, 5 Reichskassenschein- und BanknotenG zum 31. Juli 1914 allerdings ebenfalls rückwirkend aufgehoben.

---

80 RGBl. 1914, S. 347.

81 So ausdr. Hess. VGH, Urt. v. 25.06.1990 – 8 UE 237/86, openJur 2012, 19212, Rn. 20.

82 Entwurfsbegr. RksBknG, Sten. Berichte über die Verhandl. des Reichstages, XIII. Leg.-Periode, II. Session 1914, Bd. 315, Anl. Nr. 8, S. 3.

83 Ebd.

84 *Schultz*, Kleine deutsche Geldgeschichte, 1976, S. 69.

c) Einführung von Darlehenskassenscheinen

Um zu gewährleisten, dass Wirtschaftsakteure weiterhin ihren Zahlungsverpflichtungen nachkommen konnten, wurden darüber hinaus durch das Darlehenskassengesetz vom 4. August 1914 (DarlehenskassenG)[85] neu errichtete Darlehenskassen gegründet. Die Darlehenskassen waren berechtigt, gegen die Verpfändung von Vermögensgütern auf 5, 10, 20 und 50 Mark lautende Darlehenskassenscheine herauszugeben; insbesondere, um „die während des Kriegszustandes stark begehrten Umlaufsmittel zu vermehren".[86] Darlehenskassenscheine galten nicht als gesetzliches Zahlungsmittel. Sie mussten aber gemäß § 2 Satz 2 DarlehenskassenG „bei allen Reichskassen sowie bei allen öffentlichen Kassen in sämtlichen Bundesstaaten nach ihrem vollen Nennwert in Zahlung genommen" werden. Durch die Pflicht zur Inzahlungnahme „wurde ihr Umlauf im Privatverkehr naturgemäß gesichert",[87] auch wenn ein Zwang zu ihrer Annahme nach § 2 Satz 2 DarlehenskassenG formal nicht bestand. Um einem drohenden Kleingeldmangel zu begegnen, wurden die Darlehenskassen ermächtigt, ab dem 31. August 1914 auch Darlehenskassenscheine im Nennwert von 1 und 2 Mark auszugeben.[88]

Ihren Status als gesetzlich zugelassene Zahlungsmittel behielten Darlehenskassenscheine bis zur formellen Auflösung der Darlehenskassen ab dem 30 April 1924[89] bei.

2. Rentenmark (1923–1924)

Infolge der Hyperinflation der Währung Mark wurde durch die Verordnung über die Errichtung der Deutschen Rentenbank vom 15. Oktober 1923 (RentenbankVO)[90] die Deutsche Rentenbank als juristische Person des Privatrechts gegründet. Nach § 12 Abs. 1 Satz 1 RentenbankVO stellte die Rentenbank aufgrund der für sie kraft Gesetzes begründeten Grundschulden (§§ 6 Abs. 1, 9 Abs. 2 RentenbankVO) und der an sie zu über-

85 RGBl. 1914, S. 340.
86 Entwurfsbegr. DarlehenskassenG, Sten. Berichte über die Verhandl. des Reichstages, XIII. Leg.-Periode, II. Session 1914, Bd. 315, Anl. Nr. 9, S. 5.
87 *Gaettens*, Inflationen, 1955, S. 238.
88 Bekanntm. des Reichskanzlers v. 31.08.1914, RGBL 1914, S. 393.
89 Siehe Bekanntm. des Reichsfinanzministers v. 17.03.1924, RAnz. 1924 Nr. 75, S. 1.
90 RGBl. 1923 I, S. 963 ff.

gebenden Schuldverschreibungen (bspw. § 9 Abs. 3 RentenbankVO) Rentenbriefe aus. Die Rentenbriefe dienten als Deckung für die Ausgabe von auf Rentenmark lautenden Rentenbankscheinen (§§ 13, 14 Abs. 1, 2 RentenbankVO), die ab dem 15. November 1923 parallel zu den (noch) als gesetzliches Zahlungsmittel geltenden Reichsbanknoten und -scheidemünzen in Umlauf gebracht wurden.[91] Rentenbankscheine hatten zu keinem Zeitpunkt den Status eines gesetzlichen Zahlungsmittels. Allerdings waren Rentenbankscheine nach § 14 Abs. 3 RentenbankVO an allen öffentlichen Kassen als Zahlungsmittel anzunehmen. Überdies waren Rentenbankscheine nach § 15 RentenbankVO auch in vollem Umfang jederzeit in Rentenbriefe einlösbar.

Mit Hilfe der Rentenmark war es gelungen, die Mark bei einem Umtauschverhältnis von 1 Billion Mark = 1 Rentenmark zu stabilisieren.[92] Auch nach dem Erlass des Gesetzes über die Liquidierung des Umlaufs an Rentenbankscheinen vom 30. August 1924,[93] wonach der Gesamtbetrag der ausgegebenen Rentenbankscheine nicht erhöht werden durfte (§ 1 Abs. 1) und innerhalb von zehn Jahren nach Inkrafttreten des Gesetzes zu liquidieren war (§ 5), blieben Rentenbankscheine weiterhin als gesetzlich zugelassenes Zahlungsmittel im Umlauf. Die Durchführungsbestimmungen zum Gesetz über die Liquidierung des Umlaufs an Rentenbankscheinen vom 31. Januar 1925[94] sahen jedoch in § 22 Abs 1 vor, dass eine auf Rentenmark lautende Schuld „in gesetzlichen Zahlungsmitteln" beglichen werden kann, auch „wenn Zahlung in Rentenmark ausdrücklich bedungen ist."

Die Frist zur Liquidierung von Rentenbankscheinen wurde ein erstes Mal durch eine Verordnung des Reichspräsidenten vom 1. Dezember 1930[95] bis zum 31. Dezember 1942 und ein zweites Mal durch eine Verordnung des Ministerrats für die Reichsverteidigung vom 4. September 1939[96] jeweils „bis auf weiteres" verlängert. Letztendlich blieben Rentenbankscheine bis zum Jahr 1948 als gesetzlich zugelassene Zahlungsmittel im Umlauf.

91 Siehe Bekanntm. des Reichskanzlers v. 18.11.1923, RGBl. II 1923, S. 426.

92 Deutsche Bundesbank, Das Papiergeld im Deutschen Reich, 1871–1984, S. 107.

93 RGBl. 1924 II, S. 252 ff.

94 RGBl. 1925 II S. 29 ff.

95 Kap. III Art. 1 Nr. 2 der VO des Reichspräs. zur Sicherung von Wirtschaft und Finanzen v. 01.12.1930, RGBl. 1930 I, S. 517, 592.

96 Art. I der VO über die Änderung des Gesetzes über die Liquidierung des Umlaufs an Rentenbankscheinen und des Gesetzes über die Deutsche Reichsbank v. 04.09.1939, RGBl. 1939 I, S. 1694.

3. Reichsmark (1924–1948)

Nach einer erneuten Währungsreform hin zur Reichsmark im Jahr 1924 bestimmte § 3 Abs. 2 des Deutschen Bankgesetzes vom 30. August 1924 (BankG 1924)[97]: „Die Reichsbanknoten sind außer Reichsgoldmünzen das einzige unbeschränkte gesetzliche Zahlungsmittel in Deutschland." Zwar wurden auf Reichsmark lautende Goldmünzen nie geprägt.[98] Nach § 4 Abs. 1 Satz 1 des Deutschen Reichsmünzgesetzes vom 30. August 1924 (MünzG 1924)[99] galten jedoch „bis auf weiteres" auch die sich bereits im Umlauf befindlichen und auf die vorherige Währung Mark lautenden Goldmünzen als Reichsgoldmünzen i.S. des § 3 Abs. 2 BankG 1924. Daneben galten Reichssilbermünzen und Reichsmünzen über Reichspfennige als beschränkte gesetzliche Zahlungsmittel. Gemäß § 9 Abs. 1 MünzG 1924 war niemand verpflichtet, „Silbermünzen im Betrage von mehr als 20 Reichsmark, auf Reichspfennige, Rentenpfennige oder Pfennige lautende Münzen, soweit sie nicht Silbermünzen sind, im Betrage von mehr als 5 Reichsmark in Zahlung zu nehmen." Als Reichsmünzen über Reichspfennige galten nach § 4 Abs. 3 MünzG 1924 „bis auf weiteres" auch Rentenpfennigmünzen und auf Mark lautende Kupfermünzen, womit diese Medien ebenfalls formal den Status eines gesetzlichen Zahlungsmittels erlangten bzw. beibehielten.[100]

a) Ende der Privatbanknoten

Zeitgleich mit dem BankG 1924 und dem MünzG 1924 wurde am 30. August 1924 ein Privatnotenbankgesetz (PrivatnotenbankG)[101] erlassen, das im Wesentlichen den alten, für Privatnotenbanken gültigen Vorschriften des BankG 1875 entsprach. Nach §§ 1, 3 PrivatnotenbankG waren die Bayerische Notenbank, die Sächsische Bank zu Dresden, die Württembergische Notenbank und die Badische Bank ausdrücklich befugt, auf Reichsmark lautende (Privat-)Banknoten bis zu einer Höchstgrenze von

---

97 RGBl. 1924 II, S. 235 ff.

98 *Schultz*, Kleine deutsche Geldgeschichte, 1976, S. 188.

99 RGBl. 1924 II, S. 254 ff.

100 Vgl. auch die Entwurfsbegr. des MünzG, Sten. Berichte über die Verhandl. des Reichstages, II. Wahlperiode 1924, Bd. 383, Anlage Nr. 451, S. 5 („rechtlich [gelten] die Rentenpfennige künftig nicht mehr als Rentenmark, sondern als Reichsmarkzahlungsmittel").

101 RGBl. 1924 II, S. 246 ff.

insgesamt 194 Millionen Reichsmark auszugeben. Nach § 5 PrivatnotenbankG galten Privatbanknoten zwar nicht als gesetzliche Zahlungsmittel und konnten auch durch Landesgesetz nicht zu solchen erklärt werden. Allerdings waren Privatbanknoten von den ausgebenden Privatnotenbanken jederzeit zum vollen Nennwert in Zahlung zu nehmen, was inhaltlich der vorherigen Regelung für Banknoten in § 2 BankG 1875 entsprach.

Nach einer Verordnung des Reichswirtschaftsministeriums vom 21. Dezember 1935 verloren Privatbanknoten ihre Eigenschaft als gesetzlich zugelassenes Zahlungsmittel ab dem 2. April 1936.[102] Zuvor war das Notenprivileg der Privatnotenbanken durch das Gesetz zur Änderung des PrivatnotenbankG vom 18. Dezember 1933 zum 1. Januar 1936 aufgehoben worden.[103] Privatbanknoten konnten jedoch bis zum 2. Juli 1936 weiterhin bei allen Privatnotenbanken in Zahlung gegeben oder gegen Reichsbanknoten eingetauscht werden.

b) Steuergutscheine als gesetzliches Zahlungsmittel

Zur Deckung des Finanzbedarfs des Reichs wurden zu verschiedenen Zeitpunkten als Vorgriff auf künftige Steuereinnahmen sog. Steuergutscheine ausgegeben. Die Steuergutscheine sollten unmittelbare Steuersenkungen ersetzen, die aus volkswirtschaftlichen Gründen für erforderlich gehalten wurden.

Die Ausgabe von Steuergutscheinen erfolgte erstmalig durch die Verordnung des Reichspräsidenten zur Belebung der Wirtschaft vom 4. September 1932.[104] Nach § 1 Abs 1, 2 i.V. mit § 2 Abs. 1 dieser Verordnung wurden u.a. für bestimmte zwischen dem 1. Oktober 1932 und dem 30. September 1933 fällig gewordene und entrichtete Steuern in Höhe von 40 Prozent (in manchen Fällen sogar von 100 Prozent) des entrichteten Betrags Steuergutscheine gewährt. Die erhaltenen Steuergutscheine konnten von ihrem Inhaber zu einem späteren Zeitpunkt (zwischen dem 1. April 1934 und dem 31. März 1939) bei der Entrichtung von Reichssteuern – mit Ausnahme der Einkommens- und Körperschaftssteuer – in Ansatz gebracht werden. In den Genuss einer unmittelbar wirksamen Steuerermäßigung konnte der Inhaber von Steuergutscheinen allerdings nur dadurch

102 § 2 der VO über den Aufruf, die Einziehung und die Vernichtung von Noten der Privatnotenbanken v. 21.12.1935, RAnz. 1935 Nr. 298, S. 2.

103 RGBl. 1933 II, S. 1034.

104 RGBl. 1932 I, S. 425 ff.

gelangen, dass er die zum Börsenhandel zugelassenen Steuergutscheine (§ 18 der VO) weiterveräußerte.[105] Zu weiteren Zeitpunkten ausgegebene Steuergutscheine folgten einem ähnlichen Prinzip.

Durch das Gesetz über die Finanzierung nationalpolitischer Aufgaben des Reichs vom 20. März 1939 (Neuer Finanzplan)[106] wurden erneut Steuergutscheine als wirtschaftspolitisches Mittel der Staatsfinanzierung eingeführt. Im Unterschied zu früheren Steuergutscheinen konnten die gemäß dem Neuen Finanzplan ausgegebenen Steuergutscheine allerdings nicht nur gegenüber den Finanz- und Zollkassen, sondern auch zur anteiligen Bezahlung von Lieferungen und Leistungen gegenüber gewerblichen Unternehmern verwendet werden. Sie waren mithin „zum Geldsurrogat bestimmt".[107] Nach § 2 Abs. 1 des Neuen Finanzplans waren bestimmte juristische Personen des öffentlichen Rechts (bspw. Gemeindeverbände, die Reichsbahn und die Reichspost) *verpflichtet*, „Lieferungen und sonstige Leistungen" von privaten gewerblichen Unternehmern in Höhe von 40 Prozent des Rechnungsbetrags in Steuergutscheinen zu bezahlen. Private gewerbliche Unternehmer (Juristische Personen des Privatrechts, gewerbliche Einzelunternehmer und Unternehmergemeinschaften), die Steuergutscheine als Zahlungsmittel erhalten haben, waren nach § 2 Abs. 2 des Neuen Finanzplans ihrerseits *berechtigt*, „Lieferungen und sonstige Leistungen" von anderen gewerblichen Unternehmern in Höhe von bis zu 40 Prozent des Rechnungsbetrags in Steuergutscheinen zu bezahlen. Aufgrund dieser gesetzlichen Annahmeverpflichtung wurde Steuergutscheinen vereinzelt die Qualität eines beschränkten gesetzlichen Zahlungsmittels zugeschrieben.[108]

Das Recht der gewerblichen Unternehmer, Lieferungen und sonstige Leistungen untereinander in Höhe von bis zu 40 Prozent des Rechnungsbetrags in Steuergutscheinen zu bezahlen, ist durch die Vierte Durchführungsverordnung zum neuen Finanzplan vom 20. März 1940[109] für alle Zahlungen ab dem 1. April 1940 wegefallen.

---

105 *Albrecht*, Finanzarchiv 7 (1940), 147, 152.

106 RGBl. 1939 I, S. 561 ff.

107 *Albrecht*, Finanzarchiv 7 (1940), 147, 153.

108 Reichs-Kredit-Gesellschaft Aktiengesellschaft (Hrsg.), Neuer Finanzplan und Steuergutscheine, Berlin 1939, S. 19 („Mit der Annahmeverpflichtung ist den Steuergutscheinen die Qualität als gesetzliches Zahlungsmittel, allerdings mit den im Gesetz festgelegten beschränkten Verwendungsmöglichkeiten, gewährleistet."); ebenso *Gaettens*, Inflationen, 1955, S. 284 („Steuergutscheine waren somit gesetzliches Zahlungsmittel in beschränktem Umfange.").

109 RGBl. 1940 I, S. 518.

c) Abkehr von gesetzlichen Zahlungsmitteln aus Gold

Eine endgültige Abkehr von gesetzlichen Zahlungsmitteln aus Gold erfolgte unmittelbar vor dem Beginn des Zweiten Weltkrieges. Ab dem 16. August 1938 galten Reichsgoldmünzen mit einem Nennwert von 10 und 20 Mark nicht mehr als gesetzliches Zahlungsmittel und waren der Einziehung unterworfen.[110] Bereits zuvor, ab dem 1. Oktober 1900, hatten Reichsgoldmünzen mit einem Nennwert von 5 Mark nicht mehr als gesetzliche Zahlungsmittel gegolten.[111] Reichsbanknoten waren fortan (faktisch) das einzige unbeschränkte gesetzliche Zahlungsmittel. Und dies, obwohl § 20 Abs. 1 des Reichsbankgesetzes vom 15. Juni 1939 (RBankG 1939)[112] neben den Reichsbanknoten auch noch immer den Reichsgoldmünzen formal den Status eines unbeschränkten gesetzlichen Zahlungsmittels zuwies. Auf Reichsmark lautende Goldmünzen wurden, wie bereits erwähnt, allerdings nie geprägt. Die Einlösungspflicht und die mit ihr im Zusammenhang stehende Golddeckungspflicht der Reichsbank für die von ihr ausgegebenen Banknoten (vgl. §§ 28, 31 BankG 1924) fanden im RBankG 1939 keine Entsprechung mehr und waren aufgehoben.

4. Alliierte Militär-Marknoten (1944–1948)

Nach der Besetzung Deutschlands durch die Alliierten gab die Militärregierung in allen vier Besatzungszonen auf (Reichs-)Mark lautende Alliierte Militär-Marknoten aus, die zu Beginn mitunter auch dem Zahlungsverkehr zwischen Besatzungs- und deutschen Behörden dienten. Alliierte Militär-Marknoten liefen bis zur Währungsreform im Jahr 1948 parallel zu den sich noch im Umlauf befindlichen Reichsmark-Banknoten und -Münzen sowie Rentenbankscheinen um. Gemäß Art. 1 Nr. 1 des Gesetzes Nr. 51 („Währung“) der Militärregierung galten Alliierte Militär-Marknoten „im besetzten Gebiete Deutschlands als gesetzliches Zahlungsmittel für die Bezahlung von Markschulden jeder Art.“[113] Nach Art. 1 Nr. 2 des Gesetzes Nr. 51 waren Alliierte Militär-Marknoten „in allen Beziehungen

---

110 § 1 der VO über die Außerkurssetzung der Reichsgoldmünzen zu 10 und 20 Mark v. 16.07.1938, RGBl. 1938 I, S. 901.

111 § 1 Satz 1 der Bekanntm., betreffend die Außerkurssetzung der Reichs-Goldmünzen zu fünf Mark, v. 13.06.1900, RGBl. 1900, S. 253.

112 RGBl. 1939 I, S. 1015 ff.

113 ABl. der Militärreg. Deutschland, US-Zone, 1946, Ausg. A, S. 23.

jedem anderen, auf Mark lautenden, gesetzlichen Zahlungsmittel desselben Nennwertes gleichgestellt."

5. Deutsche Mark (1948–2001)

Mit Wirkung ab dem 21. Juni 1948 wurde die Reichsmark durch die Währung Deutsche Mark ersetzt. Ihre Rechnungseinheit bildete die Deutsche Mark, die in hundert Deutsche Pfennige eingeteilt war. Gemäß § 1 Abs. 2, 3 des Währungsgesetzes vom 20. Juni 1948 (WährG)[114] waren mit Wirkung ab dem 1. September 1948 auf Deutsche Mark oder Pfennig lautende Noten und Münzen, die von der Bank deutscher Länder ausgegeben wurden, das alleinige gesetzliche Zahlungsmittel im Währungsgebiet der westdeutschen Besatzungszonen. Auf Deutsche Mark oder Pfennig lautende Noten und Münzen galten zwar bereits ab dem 21. Juni 1948 als gesetzliches Zahlungsmittel. Nach § 1 Abs. 2 Nr. 2 Buchst. a)-c), Abs. 3 WährG behielten jedoch manche sich noch im Umlauf befindliche Medien (mitunter Rentenbankscheine zu 1 Rentenmark) jeweils zu einem Zehntel ihres Nennwerts bis zum Ablauf des 31. August 1948 „ihre gesetzliche Zahlkraft." Wieso insbesondere im Zusammenhang mit Rentenbankscheinen, die zu keinem Zeitpunkt den Status eines gesetzlichen Zahlungsmittels innehatten, der Begriff „gesetzliche Zahlkraft" gebraucht wurde, ist allerdings unklar.

Mit Wirkung ab dem 1. Juli 1990 wurde die Deutsche Mark als Währungseinheit auch im Währungsgebiet der Deutschen Demokratischen Republik eingeführt.[115] Auf Deutsche Mark und Pfennig lautende Banknoten und Münzen galten fortan als alleiniges gesetzliches Zahlungsmittel im wiedervereinigten Deutschland,[116] wobei die Annahmepflicht von auf Deutsche Mark und Pfennig lautenden Münzen gemäß § 3 Abs. 1 MünzG 1950 auf 20 Deutsche Mark bzw. 5 Deutsche Mark beschränkt war. Eine Einlösungspflicht der Bank deutscher Länder (und später der Deutschen Bundesbank) für die von ihr herausgegebenen Banknoten in Gold oder anderes Metallgeld bestand zu keinem Zeitpunkt mehr. Aus diesem Grund wurden auf Deutsche Mark lautende Banknoten vom

---

114 ABl. der Militärreg. Deutschland, US-Zone, 1948, Ausg. G, S. 6.

115 Siehe Art. 1 Abs. 2, 10 Abs. 5 des Vertrages über die Schaffung einer Währungs-, Wirtschafts- und Sozialunion zwischen der Bundesrepublik Deutschland und der Deutschen Demokratischen Republik (WWSUVtr), BGBl. II 1990, S. 537 ff.

116 Art. 10 Abs. 5 des WWSUVtr (ebd.).

Hessischen Verwaltungsgerichtshof – anders als Reichsbanknoten – richtigerweise nicht (mehr) als „Inhaberschuldverschreibungen im Sinne des § 793 BGB“ sondern als „reine Geldzeichen“ bezeichnet.[117]

6. Euro und digitale gesetzliche Zahlungsmittel (1999–heute)

Seit dem 1. Januar 1999 gilt die Währungseinheit Euro, unterteilt in 100 Cent, als gemeinsame Währung der an der Euro-Währungsunion teilnehmenden Mitgliedstaaten, Art. 2 Satz 1 der EuroEinfVO. Die in den von Beginn an teilnehmenden Mitgliedstaaten umlaufenden gesetzlichen Zahlungsmittel behielten jedoch für einen Zeitraum von drei Jahren zunächst weiterhin ihre Gültigkeit. Seit dem Ausgabebeginn von Euro-Geldzeichen am 1. Januar 2002 (Art. 10 Satz 1, 11 Satz 1 der EuroEinfVO) sind die von der EZB und den nationalen Zentralbanken ausgegebenen Euro-Banknoten sowie die von den Mitgliedstaaten ausgegebenen Euro-Münzen die einzigen Medien, die im Währungsgebiet der Eurozone als gesetzliches Zahlungsmittel gelten.[118] Von der in Art. 15 Abs. 1 der EuroEinfVO eingeräumten Möglichkeit, die bisherigen national als gesetzliches Zahlungsmittel umlaufenden Medien für eine Übergangszeit von bis zu sechs Monaten parallel umlaufen zu lassen, hat insbesondere Deutschland keinen Gebrauch gemacht. Gemäß § 1 des DM-Beendigungsgesetzes vom 16. Dezember 1999[119] haben auf Deutsche Mark und Pfennig lautende Banknoten und Münzen mit Ablauf des 31. Dezember 2001 ihre Eigenschaft als gesetzliches Zahlungsmittel verloren.

Obwohl in der EU und in anderen europäischen Ländern bisher nur Banknoten und Münzen als gesetzliches Zahlungsmittel bestimmt worden sind, muss die Eigenschaft eines gesetzlichen Zahlungsmittels zukünftig nicht auf körperliche Medien beschränkt bleiben. So formuliert etwa ein im Rahmen der Schweizer Vollgeldinitiative veröffentlichter Textentwurf für eine neue Geld- und Finanzmarktverfassung des in der Schweiz ansässigen Vereins Monetäre Modernisierung: „Gesetzliche Zahlungsmittel sind Münzen, Banknoten und Buchgeld.“[120] Auch der Bundesverband deutscher Banken (BdB) plädiert in einem Positionspapier vom Januar

117 Hess. VGH, Urt. v. 25.06.1990 – 8 UE 237/86, openJur 2012, 19212, Rn. 20.

118 *Häde*, in: Calliess/Ruffert, EUV/AEUV, 6. Aufl. 2022, Art. 128 AEUV Rn. 3.

119 BGBl. I 1999, S. 2402 ff.

120 Verein MoMo, Entwurf für eine Geld- und Finanzmarktverf., Ver. 13.05.2011, Art. 99a Abs. 1.

2017 für eine „Erweiterung der gesetzlichen Zahlungsmittel" auf „[w]eitverbreitete unbare Zahlverfahren (z.B. Überweisung, Lastschrift, Debitkarte)".[121] Konkret empfiehlt der BdB u.a., die Vorschrift des Art. 128 AEUV um einen Satz 4 zu erweitern, wonach neben Euro-Banknoten (und -Münzen) „[w]eitere, unbare gesetzliche Zahlungsmittel [...] von der Europäischen Zentralbank [in regelmäßigen Zeitintervallen] festgelegt werden" können.[122]

Während die vorgenannten Vorschläge an gängigen unbaren Zahlungsformen orientiert sind, bieten sich auch andere Lösungen, etwa auf Basis von Blockchain und anderen dezentral organisierten Datenbanken (*Distributed Ledger Technology, DLT*), an. Beispielsweise hat El Salvador am 7. September 2021 – als erstes Land der Welt – die Kryptowährung Bitcoin zum gesetzlichen Zahlungsmittel erhoben.[123] Daneben könnten auch andere Blockchain-basierte Token, auch solche die an eine staatliche Währung angelehnt sind, zu einem digitalen gesetzlichen Zahlungsmittel bestimmt werden. Verschiedene Ausgestaltungsmöglichkeiten werden derzeit im Kontext der Einführung von sog. digitalem Zentralbankgeld (*Central Bank Digital Currency, CBDC*) diskutiert. Ob zur Einführung eines digitalen Euro als gesetzliches Zahlungsmittel eine Änderung des europäischen Primärrechts allerdings überhaupt erforderlich wäre, ist nicht eindeutig. Denn u.a. die EZB vertritt in ihrem Bericht über den Digitalen Euro aus dem Jahr 2020 die Auffassung, dass der Begriff „Banknoten" i.S. des Art. 128 Abs. 1 AEUV auch digitale Medien umfassen könnte:

> *„[T]he right to issue ‚euro banknotes' could be understood to encompass the right to determine the format or medium of ‚euro banknotes'. If the digital euro were to be treated as a banknote, then the Eurosystem's exclusive competence under Article 128(1) of the TFEU to ‚authorise the issue of euro banknotes within the Union', could be invoked to enable the issuance of a digital euro with the status of legal tender."*[124]

Konsequenterweise nimmt die EZB an, dass bereits das geltende Primärrecht die Einführung von digitalen gesetzlichen Zahlungsmitteln erlaubt:

---

121 BdB, Positionspapier Digitales Bezahlen 2020, Jan. 2017, Ziff. II. D.

122 Ebd., Ziff. III. 2.

123 https://www.reuters.com/business/finance/el-salvador-leads-world-into-cryptocurrency-bitcoin-legal-tender-2021-09-07/.

124 EZB, Report on a Digital Euro, 2020, S. 25.

> *"EU primary law does not exclude the possibility of issuing digital euro as legal tender, which would consequently require payees to accept it for payments"*[125]

Die Frage, ob die EU im Rahmen ihrer währungspolitischen Kompetenzen bisher nur körperliche Medien als gesetzliches Zahlungsmittel festgelegt hat, wird in weiteren Arbeiten zu klären sein. Es kann jedoch in Übereinstimmung mit der EZB davon ausgegangen werden, dass die Anerkennung eines „digitalen Euro" als gesetzliches Zahlungsmittel – unabhängig von der konkreten Gestalt des digitalen Euro – eine Förderung seiner Akzeptanz bewirken kann.[126]

---

125 EZB, Report on a Digital Euro, 2020, S. 24; zustimmend *Omlor/Birne*, RDi 2020, 1, 5, allerdings mit dem Hinweis, dass „eine Ergänzung von Art. 128 AEUV um einen dritten Absatz oder eine Textergänzung in der ESZB-Satzung für mehr Rechtsklarheit sorgen" würde.

126 Vgl. EZB, Report on a Digital Euro, 2020, S. 33 ("Legal tender status would be a desirable feature of the digital euro.").

C. Gesetzliche Zahlungsmittel und Geld: Eine begriffliche Abgrenzung

Die im Währungsgebiet der Eurozone als gesetzliches Zahlungsmittel geltenden Medien sind in den Vorschriften des Primär- und Sekundärrechts der EU abschließend definiert. Anders als es etwa eine Entscheidung des BGH aus dem Jahr 1984, wonach Buchgeld „gelegentlich auch als Zahlungsmittel oder sogar gesetzliches Zahlungsmittel angesehen werden kann",[127] nahelegen mag, steht die Eigenschaft eines gesetzlichen Zahlungsmittels unabhängig davon, inwieweit ein Medium tatsächliche Anerkennung im Tauschverkehr findet. Der Status eines Mediums als gesetzliches Zahlungsmittel ist allein von einem Hoheitsakt abhängig. So stellte auch beispielsweise das Reichsgericht in einer Entscheidung aus dem Jahr 1923 richtigerweise fest, dass auch wenn bestimmte Medien, „nach Art des in Deutschland vielfach üblich gewordenen Notgelds, als Zahlungsmittel tatsächlich gedient haben", allein daraus „ihre Eigenschaft als gesetzliches Zahlungsmittel nicht herzuleiten" ist.[128]

Eine verbreitete Akzeptanz im Tauschverkehr kann jedoch dazu führen, dass auch Medien, deren Ausgabe nicht auf einem Hoheitsakt basiert, funktional als Geld umlaufen. Auch ist es möglich, dass Medien, die in einem bestimmten Währungsgebiet als gesetzliches Zahlungsmittel gelten, etwa aufgrund eines starken Währungsverfalls, im Tauschverkehr keine Anerkennung (mehr) finden. Welche normativen Konsequenzen sich aus einer funktionalen (wirtschaftlichen) Geldeigenschaft eines Mediums für dessen Einbezug in einen privatrechtlichen Geldbegriff ergeben können, soll im Folgenden aufgezeigt werden. Zu diesem Zweck sollen insbesondere die in verschiedenen gesetzlichen Vorschriften verwendeten Rechtsbegriffe „Geld" und „gesetzlich zugelassenes Zahlungsmittel" erläutert und vom Begriff des gesetzlichen Zahlungsmittels sowie voneinander abgegrenzt werden. Des Weiteren soll die Frage beantwortet werden, inwieweit die Erfüllung einer Geldschuld die Leistung gesetzlicher Zahlungsmittel voraussetzt.

---

127 BGH, Urt. v. 07.03.1984 – IV a ZR 135/82, BeckRS 2008, 18052, Ziff. II. 4. a).

128 So für deutsches Papiergeld und sog. Seitzscheine in den dt. Kolonialgebieten RGZ 107, 78, 85.

C. Gesetzliche Zahlungsmittel und Geld: Eine begriffliche Abgrenzung

I. Verhältnis zum juristischen Geldbegriff

Der Begriff des gesetzlichen Zahlungsmittels ist nicht gleichzusetzen mit dem Begriff „Geld im Rechtssinne". Um diese Annahme zu verdeutlichen, soll nachfolgend insbesondere aufgezeigt werden, auf Basis welcher (rechts-)methodischen Herangehensweise die Auslegung des in verschiedenen (zivilrechtlichen) Normen enthaltenen Rechtsbegriffs „Geld" erfolgen kann.

1. Die Relativität des juristischen Geldbegriffes

Nach dem Verständnis von Vertretern der sog. staatlichen Theorie des Geldes sind nur diejenigen Geldzeichen, die staatlicherseits als Zahlungsmittel anerkannt werden, als Geld im Rechtssinne zu beurteilen.[129] Etwa in den Worten von *Laband* ist Geld „im juristischen Sinne [...] ganz gleichbedeutend mit gesetzlich anerkanntem Zahlungsmittel."[130] Eine gesetzliche Anerkennung in diesem Sinne muss allerdings nicht zwangsläufig auf eine Anerkennung *als gesetzliches Zahlungsmittel* beschränkt sein. Etwa nach *Knies* kann staatliche Anerkennung „in Form eines Gewohnheitsrechtssatzes" oder „vollkommener, in Form des Gesetzes, welches über die blosse Anerkennung hinaus, die Benutzung der als Geld dienenden Sache erleichtert, regelt und sichert" erfolgen.[131]

Die nach letzterem Ansatz für Geld im Rechtssinne begriffsbildende gesetzliche Anerkennung und Definition durch Rechtsnormen kommt neben dem gesetzlichen Zahlungsmittel in Form von Banknoten und Münzen allenfalls noch Buchgeld (vgl. bspw. §§ 224 Abs. 3 Satz 1 AO – „unbar")[132] und elektronischem Geld i.S. des § 1a Abs. 3 ZAG zu. Beide letzt-

---

129 Oftmals zurückgeführt auf *Knapp*, Staatliche Theorie des Geldes, 1905.

130 *Laband*, Das Staatsrecht des Deutschen Reiches, Bd. 3, Neudr. der 5. Aufl. 1913, 1964, S. 170; ähnl. *Knies*, Das Geld, 1873, S. 228 („Die innerhalb eines oder mehrere Staaten allgemein als Geld anerkannte und verwendete Sache ist für dieses Gebiet Geld im Rechtssinne."); *Breit*, BankG, 1911, S. 35 („Geld im Rechtssinne ist die Gesamtheit derjenigen Gegenstände, denen von der Rechtsordnung eines Staates die Bestimmung beigelegt ist, als Tauschmittel zum Zwecke der Übertragung von Vermögenswerten von Person zu Person zu dienen. Geld ist nicht etwa identisch mit Währungsgeld.").

131 *Knies*, Das Geld, 1873, S. 228.

132 Ähnl. auch *v. Stebut*, Jura 1982, 561, 570 („staatliche Anerkennung des Giralgeldes durch § 224 [AO]").

genannten Geldformen setzen allerdings voraus, dass deren Entstehung mit der Begründung einer Forderung auf Umwandlung in gesetzliches Zahlungsmittel verknüpft ist.

Ein absolutes, auf staatliche Anerkennung und teilweise auf gesetzliches Zahlungsmittel[133] beschränktes Verständnis des juristischen Geldbegriffs ist mit den heutzutage vertretenen Auffassungen in Rechtsprechung und Literatur allerdings nicht mehr in Einklang zu bringen. Vielmehr wird nahezu einhellig ein sog. relativer Geldbegriff vertreten.[134] Demnach muss die Bedeutung des Ausdrucks Geld „individuell [und] nach dem Zwecke der einzelnen gesetzlichen Bestimmung festgelegt werden."[135] Nach welchen Maßstäben der etwa in verschiedenen zivilrechtlichen Vorschriften verwendete Ausdruck „Geld" (bspw. §§ 935 Abs. 2 BGB, 815 Abs. 1 ZPO) jeweils im Konkreten bestimmt werden soll, ist in rechtsmethodischer Hinsicht allerdings nicht eindeutig.

---

133 So etwa *Samm*, in: Festschr. Hahn, 1997, S. 233 in Interpretation von *Mann* („Ausschließlich Zahlungsmittel fallen unter den Geldbegriff, und zwar nur die gesetzlichen, d.h. vom Gläubiger nicht ablehnbaren Zahlungsmittel."); *Weddigen*, Theoretische Volkswirtschaftslehre, 3. Aufl. 1964, S. 234 („Geld im juristischen Sinne ist nur das zum gesetzlichen Zahlungsmittel erhobene Tauschmittel"); vgl. auch *Siekmann*, in: Fox/Ernst (Hrsg.), Money in the Western Legal Tradition, 2016, S. 511 („[O]nly when a banknote must be accepted by everyone as a means of payment can it be considered to be fully fledged money.").

134 Siehe etwa *Dittrich*, Die Bedeutung des Rechts für die Stabilität des Geldes, 2016, S. 7; *Terlau*, in: Schimansky/Bunte/Lwowski (Hrsg.), Bankrechts-Handbuch, 5. Aufl. 2017, § 55a Rn. 143, 151; *Martens*, JuS 2014, 105; *Kißling*, Zahlung mit elektronischen Werteinheiten, 2003, S. 55; *Schlichting*, Inkohärenzen im Geldschuldrecht, 2017, S. 105; *Herrmann*, Währungshoheit, Währungsverfassung und subjektive Rechte, 2010, S. 60 mit Fn. 304; *Thywissen*, BB 1971, 1347; ebenso *Heermann*, Geld und Geldgeschäfte, 2003, S. 16 („Im Bürgerlichen Recht wird je nach Tatbestand der Begriff des Geldes in unterschiedlicher Bedeutung verwendet"); *Langenbucher*, AcP 218 (2018), 385, 396 (kein norm- und rechtsgebietsübergreifendes Verständnis); *Simitis*, AcP (159) 1960, 406, 408 („[W]elche konkrete Bedeutung dem Geldbegriff im Rahmen der gesetzlichen Bestimmungen zukommt, das bestimmt letzthin ausschließlich der spezifische Zusammenhang, in den die einzelne Norm eingefügt ist."); *Hahn/Häde*, Währungsrecht, 2. Aufl. 2010, S. 28 („jeweilige gesetzliche Bestimmung"); ferner bereits *Tiemann*, Die Geldschuld, 1932, S. 6 („[D]ie Gesetzgebung verwendet den Ausdruck ‚Geld' in verschiedenem Sinne."); *Hösel*, Die Geldschuld als Wertschuld, 1949, S. 21 („[D]as Gesetz [versteht] unter Geld stets etwas anderes, je nachdem welcher Zweck der einzelnen Vorschrift zugrunde liegt."); *Hartmann*, Ueber den rechtlichen Begriff des Geldes und den Inhalt von Geldschulden, 1868, S. 96; eingehend zu versch. Vorschriften auch. *Mugele*, Die rechtliche Natur des Notgeldes, 1921, S. 59 ff.

135 *Katz*, Die Konzentration der Geldschuld, 1934, S. 4.

Etwa nach *Karsten Schmidt* muss der Rechtsbegriff „Geld“ gleichzeitig funktionell und normativ abgegrenzt werden; „funktionell insofern, als das Recht sich nicht blind stellen darf für Veränderungen des Geld- und Zahlungswesens, normativ insofern, als der Geldbegriff vom Sinn und Zweck der jeweils anzuwendenden Vorschriften abhängig sein muß [...].“[136] Richtigerweise kann sich beispielsweise der Begriff „Geld“ i.S. des § 935 Abs. 2 BGB angesichts der systematischen Stellung der Vorschrift des § 935 BGB im Sachenrecht nur auf körperliche Medien (Geldzeichen) beziehen.[137] Das „zum Vermögen des Mündels gehörende Geld“ i.S. des § 1806 BGB, hingegen, muss nach einer teleologischen Auslegung der Vorschrift auch Buchgeld umfassen, „denn es steht dem Vormund ebenso zur jederzeitigen Verfügung wie Bargeld.“[138] Die von *Karsten Schmidt* gewählte Bestimmungsweise reflektiert somit richtigerweise die normative Bindung der Rechtswissenschaft, lässt jedoch Raum für eine an empirischen Gegebenheiten orientierte (funktionale) Auslegung des Rechtsbegriffs „Geld“. Insbesondere im privatrechtlichen Kontext wird auch von einigen Literaturstimmen die funktionale Bestimmung des juristischen Geldbegriffs ausdrücklich für möglich und geboten erachtet.[139] Nach welchen funktionalen Kriterien der Rechtsbegriff Geld im Einzelfall bestimmt werden soll, ist allerdings unklar; insbesondere, welche Geldfunktionen für die Bestimmung maßgeblich sein sollen.

---

136 *K. Schmidt*, ZHR 159 (1995), 96, 99.

137 *K. Schmidt*, in: 100 Jahre BGB – 100 Jahre Staudinger, 1999, S. 78; bereits *Hösel*, Die Geldschuld als Wertschuld, 1949, S. 22.

138 *Fröschle*, in: BeckOGK, BGB, Stand: 01.01.2021, § 1806 Rn. 6; ähnl. bereits *Mugele*, Die rechtliche Natur des Notgeldes, 1921, S. 65 („[B]ei den Vorschriften über die Auslegung von Mündelgeld ist der Begriff des Geldes in [einem] wirtschaftlichen Sinne einzusetzen.“).

139 Siehe für die explizite Zulässigkeit eines funktional bestimmten Geldbegriffes im Privatrecht etwa *Pulvermüller*, Rechtsnatur und Behandlung des privatrechtlichen Geldanspruchs, 1974, S. 222 („Der rechtliche Begriff des Geldes bestimmt sich aus dessen Funktionen und der Verkehrsanschauung.“); *Simitis*, AcP 159 (1960), 406, 441 („Das Geld im Schuldrecht ist das in Ausübung seiner Funktion gesehene Geld“); vgl. auch *Reinhuber*, Grundbegriffe und internationaler Anwendungsbereich von Währungsrecht, 1995, S. 45 („Geld im Rechtssinn [kann] nur durch die Akzeptanz im Rechtsverkehr entstehen.“); ähnl. *Breit*, BankG, 1911, S. 67 („Geld im Rechtssinne ist das allgemeine, auf die Währungseinheit lautende Zahlungsmittel. Darüber, welche Gegenstände dieser spezifischen Geldfunktion dienen, entscheidet die Verkehrsauffassung. Alles, was dergestalt als Zahlungsmittel üblich ist, ist auch Geld im Rechtssinne.“).

2. Funktionale Begriffsbestimmung

Nach einem funktionalen Verständnis unterscheidet sich Geld von einfachen Tauschmitteln dadurch, dass es nicht den unmittelbaren Bedarf eines Tauschpartners befriedigt, sondern auf Grund hoher Akzeptanz für den Erwerb der von seinem Empfänger eigentlich begehrten Waren oder Dienstleistungen eingesetzt werden kann. Andere intermediäre Zwischentauschakte werden somit entbehrlich. Als notwendige Voraussetzung für ein zweckentsprechendes Tauschmittel gelten typischerweise drei wesentliche Geldfunktionen: Die sogenannte Tauschmittelfunktion steht im Mittelpunkt der ökonomischen und juristischen Geldtheorien. Sie ist von der allgemeinen Anerkennung eines Tauschmittels durch den Verkehr abhängig und beschreibt somit ein sozial-ökonomisches Realphänomen. Daneben werden im Schrifttum auch die Funktion als Wertaufbewahrungsmittel sowie die Vorgabe einer Rechnungseinheit als zentrale Geldfunktionen angesehen.

a) Rolle der Geldfunktionen

Die allgemeine Anerkennung eines Tauschmittels entkoppelt den Güteraustausch in gewissen Grenzen von der Unmittelbarkeit der Bedürfnisbefriedung. Denn Waren und Dienstleistungen können gegen das allgemein anerkannte Tauschmittel (Geld) getauscht werden, anstatt einen direkten Austausch der Bedarfsgüter gegeneinander durchzuführen. Dadurch, dass die Tauschpartner von der doppelten Übereinstimmung ihrer Bedürfnisse entbunden werden, verringern sich die bei einem Tauschakt entstehenden Transaktions- und Informationskosten. Beispielsweise müssen bei einer allgemeinen Anerkennung eines Tauschmittels keine Ressourcen zur Identifizierung eines geeigneten Tauschpartners aufgewandt werden.

Welche Eigenschaften eines Mediums dessen Anerkennung als Tauschmittel fördern oder bedingen, ist allerdings nicht eindeutig. Die Eigenschaft eines gesetzlichen Zahlungsmittels kann die Nachfrage nach bestimmten Medien zwar fördern, ist jedoch aus sich heraus weder eine notwendige noch eine hinreichende Bedingung für eine allgemeine Anerkennung.[140] Andere Faktoren können ebenso maßgeblich sein, beispiels-

140 Vgl. *Wolf*, Der Inhalt der Geldschuld, 1922, S. 55 („Was Geld ist, […] lässt sich […] in keiner Weise garantieren in normativen Niederschlägen."); ähnl. *Mises*, Theorie des Geldes und der Umlaufsmittel, 1924, S. 45 („Die Verleihung

weise, dass das Medium wertstabil ist und, dadurch bedingt, als allgemeiner ökonomischer Wertmaßstab betrachtet werden kann.

aa) Wertaufbewahrungsfunktion

In seiner Funktion als Wertaufbewahrungsmittel soll Geld es ermöglichen, seinen Tauschwert in Form von erworbener Kaufkraft über einen längeren Zeitraum (möglichst konstant) zu speichern. Zwar ist der Geldwert – als Ergebnis einer *Bewertung* durch die Geldnutzer – gesetzlich nicht garantierbar.[141] Jedoch kann eine entsprechende Geld- und Währungsordnung Rahmenbedingungen für die Sicherung eines stabilen Geldwerts schaffen. Etwa im Recht der Europäischen Währungsunion findet der Geldwert in Art. 127 Abs. 1 AEUV Berücksichtigung, wonach das Europäische System der Zentralbanken auf das *vorrangige* Ziel der Preisstabilität ausgerichtet ist. Der nach dieser Vorschrift erforderliche Grad der Preisstabilität hat jedoch keine Definition in Rechtsnormen gefunden.

In einem Beschluss des EZB-Rates vom 13. Oktober 1998 wird Preisstabilität in quantitativer Hinsicht als „Anstieg des Harmonisierten Verbraucherpreisindex (HVPI) für das Euro-Währungsgebiet von unter 2 % gegenüber dem Vorjahr“ definiert.[142] Nach gegenwärtiger Auffassung des EZB-Rats (Stand 8. Juli 2021) wird Preisstabilität am besten gewährleistet, wenn „mittelfristig ein Inflationsziel von 2 %“ erreicht wird.[143] Daran zeigt sich, dass, entgegen eines wörtlichen Verständnisses, mit dem in Art. 127 Abs. 1 AEUV zugrunde gelegten Stabilitätsbegriff keine absolute Geldwertstabilität verbunden ist – jedenfalls nach Auffassung des EZB-Rats. Viel-

des Zwangskurses macht aber ein Ding noch nicht zum Geld im Sinne der Nationalökonomie. Allgemeines Tauschmittel kann ein Gut nur durch die Gewohnheit der am Tauschverkehr Beteiligten werden, und ihre Wertschätzung allein bestimmt die Austauschverhältnisse des Marktes.“); siehe ferne unten Fn. 276.

141 Vgl. auch BVerfG, NJW 1998, 1934, 1937 („[D]er Geldwert [...] bildet sich im Rahmen der staatlichen Währungshoheit und Finanzpolitik wesentlich auch durch das Verhalten der Grundrechtsberechtigten selbst, insbesondere über Preise, Löhne, Zinsen, wirtschaftlichen Einschätzungen und Bewertungen. [...] In diesen Abhängigkeiten kann der Staat den Geldwert nicht grundrechtlich garantieren.“).

142 EZB, Pressemitteilung v. 13.10.1998, „Eine stabilitätsorientierte geldpolitische Strategie für das ESZB“.

143 EZB, Pressemitteilung v. 08.07.2021, „EZB-Rat verabschiedet neue geldpolitische Strategie“.

mehr soll eine geringe Volatilität mit dem Ziel der Preisstabilität vereinbar sein.[144] Auch wenn demnach die funktionale Eigenschaft eines Wertaufbewahrungsmittels nicht von einer völligen Wertstabilität abhängt, darf die Wertaufbewahrungsfunktion nicht isoliert betrachtet werden. Ein stabiler Tauschwert ist mitunter eine notwendige Voraussetzung, um mit der Kaufkraft des Geldes die Vorstellungen eines Wertmaßes zu verbinden.[145]

bb) Recheneinheitsfunktion

Die Verwendung von Geld (genauer: einer Währungs- oder Rechnungseinheit auf die die als „Geld“ genutzten Medien lauten) als einheitlichen Maßstab zur wertmäßigen Erfassung von Waren und Dienstleistungen bietet die Möglichkeit, Waren und Dienstleistungen in einer allgemeinen Bezugsgröße auszudrücken und dadurch vergleichbar zu machen. Ein einheitlicher Wertmaßstab erhöht die Transparenz im Wirtschaftsverkehr und senkt – ebenso wie eine hohe Akzeptanz eines Tauschmittels – die mit einem Tauschakt verbundenen Transaktions- und Informationskosten. Allerdings hängt auch die Eignung einer nominalen Einheit als Wertmaßstab maßgeblich von der Wertkonstanz des ihr „zugrundeliegenden“ Mediums ab. Somit gilt auch hier, dass der Wert einer Währungs- oder Rechnungseinheit gegenüber Waren und Dienstleistungen und auch gegenüber anderen Währungen keine statische Größe ist.

Es ist eine empirische Frage des Einzelfalls, ob und inwieweit ein bestimmtes Medium grundsätzlich geeignet ist, Geldfunktionen zu erfüllen; insbesondere da verschiedene Medien unterschiedliche Geldfunktionen unterschiedlich gut erfüllen können.

b) Normative Bindung der Rechtspraxis

Der bloße Umstand, dass ein bestimmtes Medium in tatsächlicher Hinsicht Geldfunktionen erfüllt, kann zwar – wie auch der Ansatz von *Karsten Schmidt* reflektiert – nicht ohne Weiteres zu einer von den normativen

---

144 Im Jahr 2003 präzisierte der EZB-Rat seine geldpolitischen Strategie dahingehend, dass er „im Rahmen der Definition darauf abziele, mittelfristig eine Preissteigerungsrate unter, aber nahe der 2 %-Marke beizubehalten“, EZB, Die Geldpolitik der EZB, 2004, S. 52 f.

145 Vgl. *Ohler*, JZ 2008, 317, 322.

Vorgaben losgelösten Einbeziehung dieses Mediums in den juristischen Geldbegriff führen.[146] Denn eine normative Geltung kann grundsätzlich nicht aus einem Ist-Zustand abgeleitet werden. Der unbestimmte Rechtsbegriff „Geld" erlaubt jedoch unterschiedliche Interpretationen, welche Leistungsgegenstände als Geld im Sinne der jeweiligen Norm anzusehen sind. Dies gilt insbesondere im Privatrechtsverkehr, wo Geld nicht vor dem Hintergrund eines hoheitlichen Widmungsakts, sondern in seiner Eigenschaft als Mittler des Güteraustausches beurteilt wird.[147]

Richtigerweise lässt die normative Offenheit des in verschiedenen Vorschriften verwendeten Begriffs „Geld" der Rechtspraxis Raum, um auf tatsächliche Veränderungen des Nutzerverhaltens im Umgang mit Bezahlvorgängen zu reagieren. So formuliert beispielsweise *Omlor* nicht zu Unrecht, dass der „normativen Kraft des Faktischen [...] im Geldrecht eine herausgehobene Bedeutung" zukommt.[148] Konsequenterweise werden nahezu einhellig etwa auch privatwirtschaftlich geschaffene und zu Zahlungszwecken genutzte Sichtguthaben („Buchgeld") als Geld im Rechtssinne – als Geld i.S. bestimmter Rechtsnormen – angesehen.[149] Und dies, obwohl Sichtguthaben auf Bankkonten nur eine (jederzeit fällige) Forderung des Kontoinhabers gegen das kontoführende Kreditinstitut auf Herausgabe

146 Ferner auch *Tiemann*, Die Geldschuld, 1932, S. 7 („Die wirtschaftliche Betrachtung der Geldfunktionen kann nie zu der Erkenntnis von den juristisch wesentlichen Merkmalen des Geldbegriffes führen.").

147 Vgl. *Breit*, BankG, 1911, S. 35 („Für den Privatrechtsverkehr ist nicht Geld dasjenige, was der Staat hierzu stempelt, sondern das, was der Verkehr als Geld betrachtet.").

148 *Omlor*, ZHR 2019, 294, 298.

149 Im privatrechtlichen Kontext etwa *P. Bülow*, in: Derleder/Knops/Bamberger (Hrsg.), Deutsches und europäisches Bank- und Kapitalmarktrecht, Bd. 1, 3. Aufl. 2017, S. 56 („[Buchgeld] kann neben anderen Medien als Geld im konkret-funktionellen Sinn bezeichnet werden [...] und wird in §§ 270, 1806, 2119 BGB miterfasst."); siehe auch *Freitag*, in: BeckOGK, BGB, Stand: 15.03.2021, § 244 Rn. 25; *Omlor*, JZ 2017, 754, 756 („vollwertiges Geld im Rechtssinne"); *Eibl*, Julian Privatheit durch Bargeld?, 2020, S. 123; siehe für eine Einordnung als Geld i.S. des Art. 73 Abs. 1 Nr. 4 GG etwa *Uhle*, in: Dürig/Herzog/Scholz, GG, 94. EL Juli 2021 (Stand: 03/2019), Art. 73 Rn. 85 („[Der mit dem Geldwesen i.S. des Art. 73 Abs. 1 Nr. 4 eingeführte Begriff des Geldes] erfasst [...] auch das sog. Buch- bzw. Giralgeld"); *Umbach*, in: Umbach/Clemens, GG, Bd. II, 2002, Art. 73 Rn. 39 („Der verfassungsrechtliche Geldbegriff erfaßt [... auch Buchgeld als] Geld im konkret-funktionellen Sinn"); siehe ferner im Hinblick auf § 9 Abs. 2 Satz 1 Nr. 2 RBeitrStV auch ausdr. VGH Kassel, Urt. v. 13.02.2018 – 10 A 2929/16, BeckRS 2018, 1703, Rn 42.

von gesetzlichen Zahlungsmitteln in Höhe des Habensaldos darstellen.[150] Der Anspruch auf Auszahlung des auf dem Girokonto vorhandenen Guthabenbetrages folgt aus der mit der Kontoführung verbundenen unregelmäßigen Verwahrung, §§ 700 Abs. 1 Satz 3, 695 BGB.[151]

Die hohe Liquidität von Sichtguthaben, „die sie dem baren Gelde nahe verwandt erscheinen läßt",[152] kann zwar einen Ansatz für die Einordnung von Sichtguthaben als Geld im Rechtssinne darstellen. Es ist jedoch nicht eindeutig, nach welchen methodischen Regeln empirische Annahmen oder Erkenntnisse über die Geldqualität von bestimmten Medien bei der Auslegung von Rechtsnormen Berücksichtigung finden können.

c) Beispiele aus der Rechtsprechung

Um mögliche methodische Vorgehensweisen zu illustrieren, werden nachfolgend ausgewählte Beispiele aus der Rechtsprechung dargestellt, in denen die Einbeziehung eines Mediums in die in verschiedenen Gesetzestexten verwendeten Begriffe „Geld" und „Gesetzliche Zahlungsmittel" unter funktionalen Gesichtspunkten beurteilt wurde.

aa) „Geld" i.S. des § 146 Abs. 1 StGB

Eine ökonomische Bestimmung des (juristischen) Geldbegriffes wurde – im Ansatz – bereits in der Rechtsprechung des Reichsgerichtes bei der Auslegung des Tatbestandsmerkmals „Papiergeld" i.S. des § 146 Abs. 1 (R)StGB 1871[153] vorgenommen. Nach Ansicht des Reichsgerichtes waren „kommunale Gutscheine" als Papiergeld i.S. des § 146 Abs. 1 (R)StGB 1871 anzusehen, da das von den Gemeinden ausgegebene Notgeld „gleich dem eigentlichen Gelde Verwendung gefunden" habe.[154]

---

150 Vgl. *Omlor*, EuZW 2021, 480, 482 („[Die] Buchgeldforderung ist auf Leistung von hoheitlichem Bargeld gerichtet.").

151 BGH, NJW 1994, 318, 319; LG Berlin, BKR 2015, 130; *Russenschuck*, Die zivilrechtlichen Probleme des Geldausgabeautomaten, 2001, S. 69.

152 *Littmann*, Das Bankguthaben, 1931, S. 5.

153 RGBl. 1871, S. 127 ff.

154 RG, JW 1937, 2381, 2382; ähnl. bereits RG, Urt. v. 24.11.1902, auszugsw. abgedr. in JW, 1903, S. 32 Nr. 40 („Nach heutigen Begriffen aber fallen Banknoten und Kassenscheine unter den Begriff des baren Geldes. Denn sie erfüllen recht-

In der jüngeren Vergangenheit wurde auch in der Rechtsprechung des BGH der Einbezug eines Mediums in den Tatbestand der heute geltenden Fassung des § 146 Abs. 1 StGB von dessen „Geldqualität" abhängig gemacht.[155] So wurden beispielsweise südafrikanische Krügerrand-Münzen trotz ihrer (formalen) Eigenschaft als gesetzliches Zahlungsmittel in Südafrika nicht als Geld i.S. des § 146 Abs. 1 StGB angesehen, da ihnen „für die Qualifikation als Geld" die Bestimmung und Eignung zum Umlauf im öffentlichen Zahlungsverkehr in der Republik Südafrika fehle.[156] Anstelle eines Nennwerts trügen Krügerrand-Münzen lediglich die Angabe ihres Feingoldgehalts und erschienen somit „als Recheneinheit und als allgemeines umlauffähiges Tauschmittel im Wirtschaftsverkehr untauglich".[157] Eine wertverhältnismäßige Anbindung von Krügerrand-Münzen an die in Südafrika geltende Rand-Währung sei nur über ein „komplizierte[s] Wertermittlungsverfahren" zu erreichen,[158] weswegen der Vorwurf der Geldfälschung entfalle.

bb) „Geld" i.S. des § 8 Abs. 1 EStG

Unter Bezugnahme auf die vorgenannte Entscheidung des BGH betreffend § 146 Abs. 1 StGB urteilte auch das Landessozialgericht Nordrhein-Westfalen in einer Entscheidung vom 16. Oktober 2013, dass die Zuwendung von Krügerrand-Goldmünzen an einen Arbeitnehmer nicht als eine Einnahme in Geld i.S. des § 8 Abs. 1 EStG anzusehen sei.[159] Mangels Nennwert genügten Krügerrand-Münzen nicht den Anforderungen an ein allgemeines Zahlungsmittel, „das abstrakt als Wertmaßstab für alle ökonomischen Güter und Leistungen dient und konkret die Funktionen eines allgemeinen Tauschmittels, eines Wertaufbewahrungsmittels und eines gesetzlichen Zahlungsmittels zur Erfüllung privatrechtlicher und öffentlichrechtlicher Verpflichtungen übernimmt".[160] Krügerrand-Münzen seien daher einkommenssteuerrechtlich als Waren zu beurteilen.[161]

---

lich und wirtschaftlich die Funktion, allgemeine Umsatzmittel zu sein, mag auch ein Zwang zur Annahme rechtlich nicht begründet sein.").

155 BGH, NJW 1984, 1311, 1312.

156 BGH, NJW 1984, 1311.

157 BGH, NJW 1984, 1311 f.

158 BGH, NJW 1984, 1311, 1312.

159 LSG Nordrh.-Westf., Urt. v. 16.10.2013 – L 8 R 121/11, openJur 2014, 1536.

160 Ebd., Rn. 39.

161 Ebd., Rn. 40.

cc) „Geld" i.S. des § 935 Abs. 2 BGB

In der Rechtsprechung wurde die Geldqualität von Medien auch bei der Auslegung von zivilrechtlichen Normen diskutiert. Etwa eine Entscheidung des BGH aus dem Jahr 2013 betraf mitunter die Frage, ob die im Jahr 2006 zum Thema „UNESCO Welterbe – Klassisches Weimar" ausgegebene deutsche 100-Euro-Gold-Sammlermünze[162] als Geld i.S. des § 935 Abs. 2 BGB anzusehen sein kann. Gemäß § 2 Abs. 2 MünzG sind deutsche Euro-Gedenkmünzen (Sammlermünzen i.S. des Art. 5 der EuroMünzAusgVO) „gesetzliche Zahlungsmittel im [deutschen] Inland." Auch für deutsche Euro-Sammlermünzen besteht demnach, unabhängig davon, ob ihr Materialwert ihren Nennwert übersteigt, grundsätzlich eine gesetzliche Annahmepflicht für den Geldgläubiger, die allerdings gemäß § 3 Abs. 1 Satz 1 MünzG auf einen „Betrag von [...] 200 Euro bei einer einzelnen Zahlung" begrenzt ist.

Abb. 8: 100-Euro-Sammlermünze „Klassisches Weimar" (Quelle: BGBl. I 2006, S. 2118)

(1) Erstinstanz LG Magdeburg

Das erstinstanzliche Landgericht Magdeburg vertrat in seinem Urteil vom 14. Juni 2011 die (formalistische) Auffassung, dass Münzen, die „[g]esetzliche Anerkennung als Zahlungsmittel gefunden haben," auch dann als Geld i.S. des § 935 Abs. 2 BGB qualifizieren, wenn sie überwiegend als Sammlerobjekte dienen.[163] Ein gutgläubiger Erwerb der mitunter streitgegenständlichen Euro-Gold-Sammlermünze nach §§ 929 Satz 1, 932 Abs. 1 Satz 1 BGB sei somit nicht durch deren Abhandenkommen ausgeschlossen gewesen.

---

162 Siehe die entspr. Ausprägе-Bekanntm., BGBl. I 2006, S. 2118.

163 LG Magdeburg, Teilurt. v. 14.06.2011 – 11 O 2007/09, BeckRS 2013, 14964, Ziff. A. III. 1.).

(2) Berufungsinstanz OLG Naumburg

Die Berufungsinstanz OLG Naumburg folgte diesem Ansatz jedoch nicht. Eine Durchbrechung des in § 935 Abs. 1 BGB verankerten Grundsatzes, wonach der Bestandsschutz des Eigentümers bei abhanden gekommenen Sachen Vorrang vor dem öffentlichen Verkehrsinteresse genieße, sei nur gerechtfertigt, wenn die in Rede stehenden Münzen „nicht nur ‚abstrakt', nämlich allein aufgrund gesetzlicher Bestimmung, sondern auch konkret als Zahlungsmittel bestimmt und geeignet sind."[164] Bereits aufgrund eines ihren Nennwert (vielfach) übersteigenden Materialwerts würde kein wirtschaftlich vernünftig handelnder Akteur die streitgegenständliche Euro-Gold-Sammlermünze „zum Nennwert als Tauschgut im Wirtschaftsverkehr einsetzen".[165] Der Normzweck des § 935 Abs. 2 BGB gebiete demnach keine Ausdehnung des Anwendungsbereichs der Vorschrift auf deutsche Euro-Gold-Sammlermünzen.[166]

(3) Revisionsinstanz BGH

Der BGH bestätigte im Ergebnis und in der Begründung die Berufungsinstanz und stellte ausdrücklich fest, „dass allein die staatliche Anerkennung einer Münze als offizielles Zahlungsmittel" noch nicht dazu führe, dass diese als Geld i.S. des § 935 Abs. 2 BGB anzusehen sei.[167] Vielmehr müsse ihr auch die erforderliche „Geldqualität" zukommen.[168] Deutsche Euro-Gold-Sammlermünzen seien zwar nach Maßgabe des Münzgesetzes gesetzliches Zahlungsmittel in Deutschland. Bereits die nach Art. 5 Abs. 2 der EuroMünzAusgVO für die Ausgabe von Euro-Sammlermünzen vorausgesetzten gestalterischen Unterschiede zwischen Euro-Umlaufmünzen und Euro-Sammlermünzen indizierten jedoch, dass die als Sammlermünzen herausgegebenen Geldzeichen „weder zum Umlauf im öffentlichen Zahlungsverkehr bestimmt noch hierzu geeignet" seien.[169]

Beispielsweise müssen sich Euro-Sammlermünzen nach Art. 5 Abs. 2 Buchst. c) der EuroMünzAusgVO bei mindestens zwei der drei Merkma-

164 OLG Naumburg, Urt. v. 05.04.2012 – 10 U 23/11, BeckRS 2012, 15451, Ziff. II. 1. b) bb).
165 Ebd., Ziff. II. 1. b) bb).
166 Ebd.
167 BGH, NJW 2013, 2888.
168 BGH, NJW 2013, 2888, 2889, 2890.
169 BGH, NJW 2013, 2888, 2889.

le Farbe, Durchmesser und Gewicht deutlich von Euro-Umlaufmünzen unterscheiden. Die gestalterischen Unterschiede zwischen Euro-Umlauf- und Euro-Sammlermünzen sowie eine verbreitete Unkenntnis der Rechtslage über ihren Status als gesetzliches Zahlungsmittel auf Seiten der Bevölkerung führten dazu, dass Einzelhändler die Entgegennahme von Euro-Sammlermünzen bei Massengeschäften oft verweigerten.[170] Dem Interesse des Eigentümers an der Aufrechterhaltung seines Eigentums an einer Euro-Sammlermünze gebühre daher – jedenfalls gemäß den Verhältnissen zum Zeitpunkt der Entscheidung – der Vorrang vor dem öffentlichen Interesse an deren Verkehrsfähigkeit.[171]

Eine endgültige Entscheidung über die Geldeigenschaft von Euro-Sammlermünzen stellt die Entscheidung des BGH allerdings nicht dar. Denn der BGH schloss explizit die Möglichkeit nicht aus, dass zukünftig auch Euro-Sammlermünzen aufgrund ihres Edelmetallgehalts, etwa bei einem starken Währungsverfall, „zu einem umlauffähigen Zahlungsmittel werden können."[172] Die Anforderungen die an ein „umlauffähiges Zahlungsmittel" zu stellen sind, hat der BGH allerdings nicht näher konkretisiert. Auch sind die juristischen Konsequenzen, die der BGH aus der rein faktischen Behauptung gezogen hat, wonach der Status von Euro-Sammlermünzen als gesetzliches Zahlungsmittel weitläufig nicht bekannt sei, sind in methodischer Hinsicht bedenklich.[173]

dd) „Gesetzliche Zahlungsmittel" i.S. des Art. 135 Abs. 1 der MwStSysRL

Ein weiteres Beispiel für eine an der Erfüllung von ökonomischen Geldfunktionen ausgerichtete Gesetzesanwendung ist die Entscheidung des EUGH in der Rechtssache *Skatteverket ./. David Hedqvist* vom 22. Oktober 2015.[174] In diesem Verfahren wurde dem Gerichtshof mitunter die Frage zur Vorabentscheidung vorgelegt, ob gegen Entgelt erbrachte Dienstleistungen, „die im Umtausch konventioneller Währungen in Einheiten der virtuellen Währung ‚Bitcoin' und umgekehrt bestehen" mehrwertsteuerpflichtig sind.[175] Nach Art. 135 Abs. 1 Buchst. e) der MwStSysRL sind die

170 BGH, NJW 2013, 2888, 2889.
171 BGH, NJW 2013, 2888, 2889.
172 BGH, NJW 2013, 2888, 2890.
173 Vgl. *Flume*, Anm. zu BGH (Fn. 167), in: JZ 2013, 1114, 1115.
174 EUGH, Rs. C-264/14 – *Skatteverket ./. Hedqvist.*
175 EUGH, Rs. C-264/14, Rn. 22 – *Skatteverket ./. Hedqvist.*

EU-Mitgliedstaaten verpflichtet, „Umsätze, die sich auf Devisen, Banknoten und Münzen beziehen, die gesetzliches Zahlungsmittel sind", von der Mehrwertsteuer zu befreien.

In einer Stellungnahme zum Verfahren vom 15. September 2014 hatte die Bundesregierung zunächst ihre Ansicht bekräftigt, dass „sämtliche Zahlungsmittel, die keine gesetzlichen Zahlungsmittel sind, vom Anwendungsbereich der Steuerbefreiungen [in Art. 135 Abs. 1 Buchst. d) bis f) der MwSt-SysRL-] ausgeschlossen sein" sollten.[176] Bitcoins galten in keinem Land als gesetzliches Zahlungsmittel und seien daher unbeschränkt mehrwertsteuerpflichtig.[177] Der EUGH folgte dieser an einer wortlautgemäßen Gesetzesanwendung der MwStSys-RL orientierten Auffassung jedoch nicht und stellte jedenfalls im mehrwertsteuerrechtlichen Kontext auf Parteivereinbarung beruhende „vertragliche Zahlungsmittel" gesetzlichen Zahlungsmitteln gleich, solange diese in ihrer Eigenschaft als Zahlungsmittel „von bestimmten Wirtschaftsteilnehmern akzeptiert" werden.[178] Soweit die eingesetzten Tauschmittel „von den an der Transkation Beteiligten als alternatives Zahlungsmittel zu den gesetzlichen Zahlungsmitteln akzeptiert worden sind und sie keinem anderen Zweck als der Verwendung als Zahlungsmittel" dienten, seien auch Umsätze, die sich „auf nicht konventionelle Währungen beziehen", gem. Art. 135 Abs. 1 Buchst. e) der MwStSysRL von der Mehrwertsteuer befreit.[179] Es war nach Ansicht der mit der Entscheidung befassten Richter unstrittig, dass die für eine mehrwertsteuerrechtliche Befreiung erforderlichen Voraussetzungen im Hinblick auf Bitcoins vorliegen.[180] Die „virtuelle Währung ‚Bitcoin'" diene „keinem anderen Zweck als dem der Verwendung als Zahlungsmittel" und werde gerade „in dieser Eigenschaft von bestimmten Wirtschaftsteilnehmern akzeptiert".[181] Die empirische Validität dieser Annahme ist allerdings zweifelhaft.

---

176 BRD, Stellungnahme C-264/14 v. 15.09.2014, Rn. 58, abrufbar unter: http://www.bundesverband-bitcoin.de/wp-content/uploads/2014/12/Eingabe-Deutschland-ECJ.pdf.

177 Ebd. Rn. 32.

178 EUGH, Rs. C-264/14, Rn. 52 – *Skatteverket ./. Hedqvist.*

179 EUGH, Rs. C-264/14, Rn. 49 – *Skatteverket ./. Hedqvist.*

180 EUGH, Rs. C-264/14, Rn. 52 – *Skatteverket ./. Hedqvist.*

181 EUGH, Rs. C-264/14, Rn. 52 – *Skatteverket ./. Hedqvist.*

II. Verhältnis zum Begriff des gesetzlich zugelassenen Zahlungsmittels

Vom Begriff des gesetzlichen Zahlungsmittels ist auch der Begriff des „gesetzlich zugelassenen Zahlungsmittels“ zu unterscheiden. Der Begriff des gesetzlich zugelassenen Zahlungsmittels findet gegenwärtig wohl nur in den landesrechtlichen Hinterlegungsgesetzen Verwendung. Etwa nach § 11 Abs. 1 des Hessischen Hinterlegungsgesetzes (HessHintG)[182] gehen „gesetzliche und gesetzlich zugelassene Zahlungsmittel“, die zur Befreiung von einer Verbindlichkeit bei einer zuständigen Hinterlegungsstelle oder -kasse hinterlegt worden sind, in das Eigentum des Landes Hessen über. „Andere Zahlungsmittel“ sollen nach § 11 Abs. 2 HessHintG hingegen unverändert aufbewahrt werden, sofern sie nicht mit Zustimmung der Beteiligten in „gesetzliche oder gesetzlich zugelassene Zahlungsmittel“ umgewechselt worden sind. Eine Definition des Begriffes „gesetzlich zugelassene Zahlungsmittel“ enthält das Gesetz allerdings nicht. Es ist daher unklar, welche Medien von ihm erfasst sein können.

1. Reichweite des Begriffs

Eine sprachlich-grammatikalische Auslegung des Gesetzeswortlauts lässt unterschiedliche Interpretationen zu und ist daher im Allgemeinen nicht ausreichend. Ein Zahlungsmittel könnte beispielsweise insoweit gesetzlich zugelassen sein, als dass seine Verwendung im Tauschverkehr schlicht nicht verboten ist. Allerdings ist auch ein Rückgriff auf andere Auslegungsmethoden, etwa eine historische Auslegung anhand der Entstehungsgeschichte der Vorschrift, nicht ergiebig. Aus der Entwurfsbegründung der Hessischen Landesregierung zu § 11 HessHintG geht lediglich hervor, dass die Vorschrift „die Behandlung gesetzlicher und – soweit unter Umständen künftig relevant – gesetzlich zugelassener Zahlungsmittel“ regeln soll.[183] Weitere Informationen in Bezug auf die begriffliche Reichweite enthält die Entwurfsbegründung nicht. Aus dem Hinweis auf eine möglicherweise zukünftige Relevanz lässt sich zwar schlussfolgern, dass der Begriff andere Medien als etwa bereits zu Zahlungszwecken genutzte Buch- oder E-Geld-Positionen erfassen soll. Genaueres lässt sich jedoch durch eine Auslegung anhand der Gesetzesbegründung nicht ermitteln.

---

182 Hess. GVBl. I 2010, S. 306 ff.

183 Drucks. des Hess. LT, Nr. 18/2526, S. 13.

In einer Entscheidung aus dem Jahr 1966 hat der BGH etwa „die Ostmark" im Hinblick auf ihre erlaubt gebliebene Verwendung in den Westsektoren Berlins (vgl. Ziff. 1 Buchst. b) WEVO)[184] als „ein gesetzlich zugelassenes Zahlungsmittel" i.S. des § 7 Abs. 1 der zu diesem Zeitpunkt geltenden Hinterlegungsordnung des Bundes (HinterlO)[185] beurteilt.[186] Eine Kommentierung zu § 7 Abs. 1 HinterlO aus dem Jahr 1979 hat indessen, ohne den Begriff näher zu konkretisieren, angenommen: „[Gesetzlich zugelassene Zahlungsmittel] gibt es gegenwärtig nicht".[187] Ob unter den Begriff des „gesetzlich zugelassenen Zahlungsmittels" beispielsweise auch auf ihre eigene Rechnungseinheit lautenden Zahlungsmittel wie Regional- oder Kryptowährungen subsumiert werden könnten, ist daher unklar, insbesondere soweit es sich um digitale Medien handelt.

2. Historische Beispiele von gesetzlich zugelassenen Zahlungsmitteln

Ein historischer Vergleich mit Rentenbankscheinen und Privatbanknoten indiziert, dass jedenfalls die Anbindung von Medien an eine staatliche Währungseinheit und deren Ausgabe durch staatlich hierzu befugte Stellen Voraussetzung für deren Anerkennung als gesetzlich zugelassenes Zahlungsmittel war. Nach § 24 Abs. 1 der Reichskassenordnung (RKO) vom 6. August 1927[188] umfasste der Begriff Bargeld „die gesetzlichen und die gesetzlich zugelassenen Zahlungsmittel". Nach der in Anlage 4 zu § 24 Abs. 1 RKO enthaltenen Konkretisierung waren gesetzliche Zahlungsmittel „die Reichsbanknoten und alle Reichsmünzen"; gesetzlich zugelassene Zahlungsmittel „die Rentenbankscheine und die Noten der Privatnotenbanken."

184 Dritte Verordnung zur Neuordnung des Geldwesens (Währungsergänzungsverordnung) v. 20.03.1949, VOBl. für Groß-Berlin 1949 I, S. 86 f., in der Fassung der Änderungsbestimmung Nr. 4 v. 23.04.1951, BE GVBl. 1951, S. 360 f., insb. Ziff. 1 Buchst. d) („Besitz und Verwendung von Geldscheinen und Münzen, die im sowjetischen Sektor Berlins in Umlauf sind [...] sind noch gestattet.").

185 RGBl. 1937 I, S. 285 ff.

186 BGH, Urt. v. 14.07.1966 – III ZR 216/64, BeckRS 1966, 31170922, Ziff. 2.

187 *Bülow/Mecke*, HinterlO, 2. Aufl. 1979, § 5 Rn. 3.

188 Reichskassenordnung nebst Vollzugsbestimmungen für die Legationskasse des Auswärtigen Amts und ihre Zahlstellen bei den Auslandsvertretungen v. 06.08.1927, RMBl. 1927, S. 357, i.d. Fass. der RKO-ÄnderungsVO v. 08.01.1931, RMBl. 1931, S. 7.

Im Zusammenhang mit der Erfassung von gesetzlich zugelassenen Zahlungsmitteln ist zu beachten, dass sowohl die Rentenbank als auch die Privatnotenbanken seinerzeit ausdrücklich zur Ausgabe von auf Rentenmark bzw. Reichsmark lautenden Geldscheinen befugt waren. Beispielsweise nach § 14 Abs. 2 RentenbankVO durfte die Rentenbank nach ausdrücklicher gesetzlicher Bestimmung auf Rentenmark lautende Rentenbankscheine ausgeben. Auch die Privatnotenbanken waren nach §§ 1, 3 PrivatnotenbankG ausdrücklich befugt, auf Reichsmark lautende Privatbanknoten bis zu einer gewissen Höchstgrenze auszugeben.

Nachdem die Befugnis zur Ausgabe von Privatbanknoten zum Ende des Jahres 1935 *qua* Gesetz erloschen war,[189] waren nach § 22 Abs. 1 der Justizkassenordnung vom 30. Januar 1937[190] nur noch „die Rentenbankscheine" als „gesetzlich zugelassene Zahlungsmittel" anzusehen. Dies vor allem, da die ursprüngliche Zehnjahresfrist zur Liquidierung des Umlaufs von Rentenbankscheinen bis zum 31. Dezember 1942 verlängert worden war.[191] Eine den Rentenbankscheinen entsprechende gesetzliche Ausgabebefugnis existiert beispielsweise für alle derzeit in Deutschland genutzten Regional- und Kryptowährungen bisher nicht. Regelungen über den Umgang mit gesetzlich zugelassenen Zahlungsmitteln dürfte daher gegenwärtig keine praktische Bedeutung zukommen.

III. Gesetzliche Zahlungsmittel als Leistungsgegenstand einer Geldschuld

Eine von der Frage, inwieweit das gesetzliche Zahlungsmittel und andere Medien als Geld im Rechtssinne qualifizieren können, unabhängige Frage ist, inwieweit die Erfüllung einer Geldschuld die Leistung des gesetzlichen Zahlungsmittels voraussetzt. Ging man früher noch teilweise davon aus, dass sich der Leistungsgegenstand einer Geldschuld auf die Übertragung von Eigentum an Geldzeichen („körperliche Medien") beschränkt,[192] so hat nicht zuletzt die praktisch zunehmende Relevanz unbarer Zahlungsformen eine Abkehr von dieser Auffassung bewirkt.

---

189 RGBl. 1933 II, S. 1034.

190 Amtl. Sonderveröff. der Deutschen Justiz Nr. 13.

191 RGBl. 1930 I, S. 517, 592; näher oben Ziff. B. III. 2.

192 So bspw. *Kaufmann*, Zur Lehre von dem Inhalte einer Geldschuld, 1894, S. 23 („Es sind Geldstücke zu leisten, Sachen mit gewissen […] Eigenschaften"); *Siekmann*, in: Freitag/Omlor (Hrsg.), The Euro as Legal Tender, 2020, S. 11 mit. w. Nachw.

1. Die Geldschuld als Wertverschaffungsschuld

Die in der rechtswissenschaftlichen Literatur nahezu einhellig vertretene Auffassung sieht (nunmehr) die Geldschuld ihrem Inhalt nach auf die Verschaffung von sogenannter abstrakter, unkörperlicher Vermögensmacht gerichtet.[193] Entsprechend hat sich zur Kennzeichnung einer Geldschuld der Begriff „Wertverschaffungsschuld“ etabliert.[194] Beispielhaft kann hier auf eine Formulierung des AG München verwiesen werden: „Die Geldschuld ist eine Wertverschaffungsschuld, keine Sachschuld; der Schuldner hat dem Gläubiger das durch den Nennbetrag der Schuld ausgedrückte Quantum an Vermögensmacht zu verschaffen.“[195] Welche Medien grundsätzlich geeignet sein können, ihrem Empfänger abstrakte Vermögensmacht zu vermitteln, ist allerdings nicht eindeutig.

a) Verschaffung von Vermögensmacht

Der Begriff (abstrakte) Vermögensmacht bezeichnet die Fähigkeit eines Mediums, in einem bestimmten Umfang zum weiteren Erwerb für die von seinem Inhaber begehrten Waren und Dienstleistungen eingetauscht werden zu können.[196] Die einem Medium innewohnende Vermögensmacht wird somit maßgeblich vom Grad seiner Eintauschbarkeit bestimmt – eine Eigenschaft, die grundsätzlich einer Vielzahl von Medien zukommen kann. Nicht zu Unrecht wird daher in der Literatur etwa vertreten, dass

---

193 Siehe etwa *Grundmann*, in: MünchKomm, BGB, 8. Aufl. 2019, § 245 Rn. 84; *Bergdolt*, in: Dauner-Lieb/Langen, BGB SchuldR., 4. Aufl. 2021, § 245 Rn. 11; *Schaub*, in: Erman, BGB, 16. Aufl. 2020, § 244 Rn. 2; *Terlau*, in: Schimansky/Bunte/Lwowski (Hrsg.), Bankrechts-Handbuch, 5. Aufl. 2017, § 55a Rn. 154; *Omlor*, Geldprivatrecht, 2014, S. 257; *Grothe*, Fremdwährungsverbindlichkeiten, 1999, S. 56; *Simitis*, AcP 159 (1960), 406, 443; *Breunig*, Nichtablehnbarkeit von Giralgeld und Einlagensicherung, 1986, S. 6 f.; vgl. auch *Enneccerus/Lehmann*, Recht der Schuldverhältnisse, 14. Bearb. 1954, S. 42 („Geldschulden sind Wertschulden“); *Hösel*, Die Geldschuld als Wertschuld, 1949, S. 7 („‘Gegenstand‘ der Geldschuld ist […] die Verschaffung eines ganz bestimmten Wertes. Dem Gläubiger kommt es nur drauf an, dass er diesen Wert erhält.“).

194 Siehe etwa *Freitag*, in: BeckOGK, BGB, Stand: 15.03.2021, § 244 Rn. 67; *Grundmann*, in: MünchKomm, BGB, 8. Aufl. 2019, § 245 Rn. 84; *Schulze*, in: HandKomm. BGB, 11. Aufl. 2021, § 244 Rn. 4; *Terlau*, in: Schimansky/Bunte/Lwowski (Hrsg.), Bankrechts-Handbuch, 5. Aufl. 2017, § 55a Rn. 154.

195 AG München, Urt. v. 09.06.2010 – 233 C 7650/10, openJur 2012, 108914.

196 Vgl. *Gramlich*, BBankG, WährungsG, MünzG, 1988, § 1 WährungsG Rn. 8.

bei Geldzahlungen „eigentlich nicht das Geld als solches gegeben und genommen“ wird, „sondern mittelbar die Leistung, die für das Geld später wieder eingetauscht“ werden kann.[197] Der Leistungsgegenstand einer Geldschuld ist jedenfalls nicht auf bestimmte Geldzeichen oder -sorten beschränkt.

b) Unbegrenztheit der leistungsgegenständlichen Medien

Die grundsätzliche Unbegrenztheit der leistungsgegenständlichen Medien betont etwa auch *Kißling*, indem er hervorhebt, dass weder die Substanz eines Mediums noch dessen Eigenschaft, gesetzliches Zahlungsmittel zu sein, „notwendige Merkmale des Leistungsgegenstandes der Geldschuld“ sind.[198] Das wesentliches Kriterium für die Einordnung einer Schuld als Geldschuld sei vielmehr das Vermögen des geschuldeten Gegenstandes, „dem Zahlungsempfänger abstrakte Vermögensmacht zu gewähren und damit ein universell einsetzbares Zahlungs- und Tauschmittel zu sein.“[199] In ähnlicher Weise formuliert auch *Breunig*, dass es dem Gläubiger einer Geldschuld nur darauf ankommt, „daß ihm [irgend]ein Wert verschafft wird, den er selbst wieder zur Befriedigung seiner Bedürfnisse und zur Begleichung eigener Schulden einsetzen kann.“[200] Diesen Aussagen ist grundsätzlich zuzustimmen.

Zwar wurde vereinzelt angenommen, dass die Entstehung einer Geldschuld „nur in Anbindung an eine bestimme Währung“ denkbar ist.[201] Hierzu ist allerdings zu bemerken, dass selbst der Status eines gesetzlichen Zahlungsmittels weder notwendig noch hinreichend ist, um eine an marktwirtschaftlichen Grundsätzen orientierte Akzeptanz eines Gutes im Tauschverkehr zu begründen. Die Verwirklichung von Vermögensmacht ist allein dadurch bedingt, dass sich ein Vertragspartner bereit erklärt, ein bestimmtes Medium, etwa ein Geldzeichen, im Tausch gegen Waren

---

197 *Becker*, Der positiv-rechtliche Begriff des Geldes, 1936, S. 13.

198 *Kißling*, Zahlung mit elektronischen Werteinheiten, 2003, S. 66.

199 *Kißling*, Zahlung mit elektronischen Werteinheiten, 2003, S. 66; ähnl. auch *Peisert*, Der rechtliche Inhalt einer Geldschuld, 1897, S. 13 („[Zu leisten sind] Sachen mit all den Merkmalen, welche erforderlich sind, um ihnen die Geldqualität zu verleihen.“).

200 *Breunig*, Nichtablehnbarkeit von Giralgeld und Einlagensicherung, 1986, S. 6.

201 So noch *Grothe*, in: BeckOK, BGB, Stand: 01.11.2017, § 244 Rn. 2, nunmehr (Stand: 01.08.2018) unter Ergänzung des Wortes „derzeit“.

oder Dienstleistungen anzunehmen.[202] Unter dieser Voraussetzung können auch andere Medien als gesetzliche Zahlungsmittel oder auf sie lautenden Forderungen geeignet sein, ein ausreichendes Quantum „abstrakter Vermögensmacht“ zu vermitteln und der Erfüllung einer Geldschuld zu dienen (bspw. Bitcoins); dies selbstverständlich umso vollkommener, je bereitwilliger sie als Tauschmittelakzeptiert werden.

2. Abgrenzung zur Sachschuld

Die Einordnung einer Schuld als Gelschuld ist grundsätzlich nur für die Frage relevant, ob und inwieweit der Schuldner gem. § 275 Abs. 1 BGB von seiner (Geld-)Leistungspflicht befreit sein kann. Denn im Unterschied zu Sachschulden unterliegen Geldschulden nach gemeinhin vertretener Auffassung nicht dem Unmöglichkeitsrecht.[203] Dies vor allem, da die Geldschuld ihrem Leistungsinhalt nach grundsätzlich nicht gegenständlich, gattungs- oder sortenmäßig beschränkt ist. Geschuldet ist vielmehr eine Übertragung aus der Gesamtheit des schuldnerischen Vermögens, so dass jeder Gegenstand des Vermögens potenziell als Wertträger in Betracht kommt und somit „in Geld wandelbar“[204] ist. Welche Kriterien zur Abgrenzung zwischen Geld- und Sachschulden herangezogen werden können, ist allerdings nicht eindeutig.

Nach wohl herrschender Auffassung ist die Abgrenzung zwischen Geld- und Sachschulden anhand der subjektiven Zielbestimmung der Parteien im

---

202 So ausdr. *Pulvermüller*, Rechtsnatur und Behandlung des privatrechtlichen Geldanspruchs, 1974, S. 78; ähnl. auch *Herrmann*, Währungshoheit, Währungsverfassung und subjektive Rechte, 2010, S. 76 („Geld vermittelt Vermögensmacht nur in dem Maße, wie andere Menschen bereit sind, sich dieser Macht zu unterwerfen, sie anzuerkennen.“); *Reinhardt*, in: Festschr. Boehmer, 1954, S. 68 („Das Vertrauen der Mitglieder der Tauschgemeinschaft entscheidet im letzten Grunde über die Zuerkennung von Kaufkraft und damit über die Geldqualität.“); *Kiefner*, in: Coing/Wilhelm (Hrsg.), Wissenschaft und Kodifikation des Privatrechts im 19. Jahrhundert, Bd. V, 1980, S. 54 („[Abstrakte Vermögensmacht ist ein Geschöpf] des rechtsgeschäftlichen Parteiwillens und der öffentlichen Meinung.“); vgl. auch *Kratzmann*, Das Geld, 2004, S. 71 („Seinen Wert […] leitet [das gesetzliche Zahlungsmittel …] nicht aus den gesetzlichen Vorschriften ab.“).

203 Näher *Freitag*, in: BeckOGK, BGB, Stand: 15.03.2021, § 244 Rn. 155 mit w. Nachw.

204 *Simitis*, AcP 159 (1960), 406, 446; ähnl. *Breit*, BankG, 1911, S. 69 („Gegenstand der Geldschuld ist in Wahrheit ein ideelles, kein reelles Objekt.“).

konkreten Austauschvertrag vorzunehmen.[205] Haben daher bestimmte Medien (etwa auch Regional- oder Kryptowährungen) nach dem Inhalt der jeweiligen Parteiabrede die Bestimmung, dem Zahlungsempfänger abstrakte Vermögensmacht zu vermitteln und somit ein überindividuell einsetzbares Tauschmittel zu sein, können sie als Leistungsgegenstand einer Geldschuld einzuordnen sein.[206] In gleicher Weise können auch als gesetzliches Zahlungsmittel geltende Medien Gegenstand einer Sachschuld sein, wenn die Übereignung bestimmter oder ihrer Sorte nach bestimmbarer Geldzeichen *als Ware* geschuldet wird (Geldstück- oder Geldsortenschulden).[207]

---

205 *Grothe*, in: BeckOK, BGB, Stand: 01.02.2020, § 245 Rn. 2 („[E]s [kommt] darauf an, ob abstrakte Vermögensmacht zu Zahlungszwecken übertragen werden soll, oder ob es den Parteien darum geht, Geldzeichen wie andere Wirtschaftsgüter zum Gegenstand einer Verschaffungspflicht zu machen"); *Schiemann*, in: Staudinger, BGB, Neubearb. 2019, § 243 Rn. 18 („Wenn Geld nicht als Zahlungsmittel erworben wird sondern etwa […] zur Kapitalanlage, […] liegt eine ‚eigentliche Geldsortenschuld' vor, die echte Gattungsschuld ist."); *Gernhuber*, Die Erfüllung und ihre Surrogate, 2. Aufl. 1994, S. 200 („[E]ine eigentliche Geldsortenschuld wurde vereinbart, wenn die Münzen als Ware zu leisten sind, eine uneigentliche dagegen, wenn sie im Austauschverhältnis als Geld figurieren."); ebenso *W. Mayer*, Die Valutaschuld nach deutschem Recht, 1934, S. 11 („Auszuschließen vom Begriff der Geldschuld sind […] alle die Schulden, bei denen das Geld nicht um seiner Geldeigenschaft willen geschuldet wird.").

206 *Freitag*, in: BeckOGK, BGB, Stand: 15.03.2020, § 244 Rn. 70; für Bitcoins *Beck/König*, AcP 215 (2015), 655, 663; *Beck*, NJW 2015, 580, 585; für Bitcoins ablehnend *Terlau*, in: Schimansky/Bunte/Lwowski (Hrsg.), Bankrechts-Handbuch, 5. Aufl. 2017, § 55a Rn. 156.

207 *Freitag*, in: BeckOGK, BGB, Stand: 15.03.2021, § 244 Rn. 70 mit w. Nachw.; ebenso *Blumhagen*, Der Begriff der Geldschuld nach gemeinem Rechte, 1898, S. 18 („Geld kann […] in verschiedener Weise Gegenstand der Obligation sein, […] als Spezies, ferner als Genus, schließlich aus Ausdruck des abstrakten Vermögenswertes, als Geldsumme."); ähnl. *Häde*, Geldzeichen im Recht der [BRD], 1991, S. 110 (Stückschuld, wenn „Banknoten oder Münzen wegen ihres Material- oder Sammlerwertes" geschuldet werden).

D. Rechtswirkungen des währungsrechtlichen Annahmezwangs

Obwohl die Eigenschaft eines gesetzlichen Zahlungsmittels oftmals als das wesentliche Kriterium von Geld im Rechtssinne angesehen wird,[208] herrscht Unklarheit darüber „welche konkrete juristische Aussage“ [in der staatlichen Anerkennung und Definition eines gesetzlichen Zahlungsmittels] zu erblicken ist.“[209] Auch die Europäische Kommission stellte in einer Empfehlung aus dem Jahr 2010 fest, dass in der Euro-Währungsunion „eine gewisse Unsicherheit in Bezug auf den Geltungsbereich des gesetzlichen Zahlungsmittels und dessen Auswirkungen“ besteht.[210] Diese Einschätzung ist im Grundsatz noch immer zutreffend und soll nachfolgend anhand von Beispielen belegt werden. Die nachfolgende Untersuchung soll jedoch vor allem verdeutlichen, inwieweit die mit dem Status eines gesetzlichen Zahlungsmittels einhergehenden Rechtsfolgen den privatautonomen Gestaltungsspielraum von Vertragsparteien über den Inhalt von Geldschulden einschränken können.

I. Deutsches und europäisches Rechtsfolgenverständnis

Während die Medien, die in der Euro-Währungsunion als gesetzliches Zahlungsmittel gelten, in Form von auf Euro lautende Banknoten und Münzen einheitlich definiert sind, sind die sich aus dem Status eines gesetzlichen Zahlungsmittels ergebenden Rechtsfolgen nicht eindeutig.[211] So ist es bereits unklar, „ob sich die ausschließliche Zuständigkeit der

---

208 Siehe bspw. *Tiemann*, Die Geldschuld, 1932, S. 8 (Die Eigenschaft, gesetzliches Zahlungsmittel zu sein, ist „juristisch wohl die wichtigste Funktion“ des Geldes).

209 *v. Maydell*, Geldschuld und Geldwert, 1974, S 62; ähnl. auch *Grothe*, Fremdwährungsverbindlichkeiten, 1999, S. 49 (Wegen Privatautonomie: „Wenig Klarheit besteht [...] darüber, welche Bedeutung der Bestimmung gesetzlicher Zahlungsmittel durch den Währungsgesetzgeber noch verbleibt.“).

210 Kommission, Empf. 2010/191/EU v. 22.03.2010, Abl. EU 2010, Nr. L 83/70f., EWG 3.

211 Vgl. EZB, Report on a Digital Euro, 2020, S. 25 (“Primary law introduces the concept of legal tender, without elaborating on its scope and legal effects.”).

Union im Bereich der Währungspolitik [überhaupt] auf die Regelung der Rechtsfolgen erstreckt, die […] mit dem Status […] als gesetzliches Zahlungsmittel verbunden sind," oder ob sich die Rechtsfolgen nur aus nationalem Recht ergeben.[212] Auch ist unklar, ob die Euro-Mitgliedstaaten ein vergleichbares nationales Verständnis hinsichtlich der mit dem Status eines gesetzlichen Zahlungsmittels einhergehenden Rechtsfolgen haben.[213]

In einem Verfahren vor dem EUGH betreffend die Pflicht zur bargeldlosen Entrichtung des Rundfunkbeitrags hat jüngst Generalanwalt *Pitruzzella* die Auffassung vertreten, dass der Begriff des gesetzlichen Zahlungsmittels i.S. des Art. 128 Abs. 1 Satz 3 AEUV ein autonomer Begriff des Unionsrechts sei.[214] Diese Rechtsauffassung hat sich vor dem Gerichtshof bestätigt:

> „Da Art. 128 Abs. 1 AEUV für die Ermittlung des Sinnes und der Tragweite des in ihm enthaltenen Begriffs ‚gesetzliches Zahlungsmittel' nicht auf das Recht der Mitgliedstaaten verweist, handelt es sich hierbei um einen unionsrechtlichen Begriff, der in der gesamten Union autonom und einheitlich auszulegen ist".[215]

In ähnlicher Weise wird etwa auch in der währungsrechtlichen Literatur davon gesprochen, dass Art. 128 Abs. 1 Satz 3 AEUV ein „offenes Konzept" des Euro als gesetzliches Zahlungsmittel beinhalte.[216] Dies vor allem, da bei Einführung des Euro als Gemeinschaftswährung vornehmlich Zuständigkeiten geregelt worden seien, nicht jedoch privatrechtliche Aspekte (bspw. Umfang der Annahmepflicht) oder verwaltungsrechtliche Aspekte (bspw. Zulässigkeit von Bargeldobergrenzen) im Hinblick auf gesetzliche

---

212 BVerwG, EuZW 2019, 604, 606; ähnl. *Freitag/Omlor*, in Freitag/Omlor (Hrsg,), The Euro as Legal Tender, 2020, S. VI („Is the term ‚legal tender' a genuine European one or does Art. 128 TFEU simply refer to the concepts of legal tender contained in the national laws of the Member States of the Euro Area?"); siehe für Ansichten einzelner Mitgliedstaaten hierzu auch ELTEG, Report on the Definition, Scope and Effects of Legal Tender, o.J., S. 2 ff.

213 EZB, Report on a Digital Euro, 2020, S. 33 ("[T]he concept of legal tender is interpreted differently across Member States"; siehe für eine Analyse zu untersch. Konzepten *Proctor*, in: Freitag/Omlor (Hrsg.), The Euro as Legal Tender, 2020, S. 94 ff.

214 Schlussanträge GA *Pitruzzella* v. 29.09.2020, Verb. Rs. C-422/19 und C-423/19, Rn. 110.

215 EUGH, Urt. v. 26.01.2021, Verb. Rs. C-422/19 und C-423/19, Rn. 45.

216 *Freitag*, in: Amtenbrink/Herrmann (Hrsg.), The EU Law of Economic and Monetary Union, 2020, S. 613.

Zahlungsmittel.[217] Trotz bestehender Divergenzen ist (wohl) aber anzunehmen, dass in den Rechtsordnungen der Mitgliedstaaten ein Grundkonsens im Hinblick auf den Status eines gesetzlichen Zahlungsmittels jedenfalls insoweit besteht, als dass Bargeld ein taugliches Mittel zur Erfüllung einer Geldschuld ist, sofern die Parteien keine anderen Zahlungsart vereinbart haben.[218]

Eine weitere Klärung der mit dem Status eines gesetzlichen Zahlungsmittels einhergehenden Rechtsfolgen durch den EUGH oder nationale Gerichte ist jedoch zweifelsohne wünschenswert, denn schon bereits im deutschen Recht hat „[d]as Konzept des gesetzlichen Zahlungsmittels" keine „präzise und bindende Kodifizierung gefunden."[219] Beispielsweise definiert das Bundesbankgesetz, anders als etwa das Österreichische Nationalbankgesetz (NatBankG), eine aus dem Status eines gesetzlichen Zahlungsmittels folgende Rechtswirkung für den Privatrechtsverkehr nicht. Nach § 61 Abs. 2 NatBankG müssen auf Euro lautende Banknoten „zum vollen Nennwert unbeschränkt angenommen werden, soweit die Verpflichtung nicht in bestimmten Zahlungsmitteln zu erfüllen ist." Jedoch wird auch in Deutschland aus der Qualifikation von auf Euro lautenden Banknoten und Münzen als gesetzliches Zahlungsmittel ein „Annahmezwang" für diese Medien abgeleitet.[220] Durch eine Gesetzesauslegung begründet wird diese Auffassung allerdings nur in seltenen Fällen.

---

217 Ebd., S. 612.

218 Schlussanträge GA *Pitruzzella* v. 29.09.2020, Verb. Rs. C-422/19 und C-423/19, Rn. 106 ff.; ELTEG, Report on the Definition, Scope and Effects of Legal Tender, o.J., S. 4.

219 *Omlor*, ZRP 2018, 85, 87.

220 *Freitag*, in: BeckOGK, BGB, Stand: 15.03.2021, § 244 Rn. 14 mit w. Nachw.; *Manger-Nestler/Gramlich*, WM 2019, 1949, 1955; siehe insb. *Dittrich*, Die Bedeutung des Rechts für die Stabilität des Geldes, 2016, S. 29 mit Fn. 143 („Der Annahmezwang als Gläubigerverpflichtung ist die Kehrseite der Ernennung zum gesetzlichen Zahlungsmittel"); *Siekmann*, IMFS Working Paper Series Nr. 120 (2017), S. 30 („Seit seiner Entstehung gehört er [der Annahmezwang] zum Wesen des gesetzlichen Zahlungsmittels."); *Wienbracke*, EuzW 2019, 604, 609 („die Rechtsfolge der Qualifizierung eines bestimmten Zahlungsmittels als ‚gesetzliches' [... besteht darin], dass es vom Gläubiger einer auf dieses lautenden Geldschuld grundsätzlich [...] mit schuldbefreiender Wirkung angenommen werden muss"); vgl. auch *Berger/Rübsamen*, BBankG, 2. Aufl. 2014, § 14 Rn 4 („Jedermann hat die Euro-Banknoten als ordnungsgemäße Erfüllung einer monetären Verbindlichkeit zu akzeptieren.").

1. Rechtsmethodische Herleitung

Einen Versuch, den Annahmezwang für gesetzliche Zahlungsmittel auch rechtsmethodisch herzuleiten, hat jüngst das BVerwG in einer Entscheidung zum Thema der Rundfunkbeitragsschuld vorgenommen.[221] Auch wenn sich aus dem Begriff des gesetzlichen Zahlungsmittels als solchem ein Annahmezwang „nicht ohne weiteres herleiten" lasse,[222] sprächen nach Ansicht des BVerwG „vor allem die Entstehungsgeschichte sowie der Sinn und Zweck der Vorschrift dafür, dass die Eigenschaft als gesetzliches Zahlungsmittel im Sinne des § 14 Abs. 1 Satz 2 BBankG mit einem Zwang zur Annahme [...] verbunden" sei.[223] Zum einen ließe die Gesetzesbegründung zu § 14 BBankG 1957, wonach „Noten der Bundesbank in unbeschränkter Höhe angenommen werden" müssen, deutlich erkennen, „dass mit dem Begriff des gesetzlichen Zahlungsmittels die Vorstellung verbunden wurde, dass ein solches Zahlungsmittel grundsätzlich von jedem Gläubiger einer Geldschuld akzeptiert werden muss."[224] Zum anderen zeige auch eine Auslegung unter teleologischen Gesichtspunkten, dass die verpflichtende Annahme von gesetzlichen Zahlungsmitteln „in erster Linie der Funktionsfähigkeit des Geldverkehrs" diene, indem sie „die Akzeptanz des Euro-Bargeldes und damit dessen Funktion als Zahlungsmittel sichert".[225]

Dieser Auslegung des § 14 Abs. 1 Satz 2 BBankG ist im Grundsatz zuzustimmen, auch wenn historisch betrachtet vor allem auch die Notwendigkeit, Steuerschulden mittels gesetzlicher Zahlungsmittel zu erfüllen, eine Nachfrage nach diesen Medien erzeugt hat.

2. Der Begriff „Annahmezwang"

Nach einer Definition, die etwa auch der Petitionsausschuss des Bundestages gegeben hat, sind gesetzliche Zahlungsmittel „solche Zahlungsmittel, die in einem Währungsraum kraft Gesetzes von jedermann zur Begleichung einer Geldschuld akzeptiert werden müssen (Annahmepflicht)."[226]

---

221 BVerwG, EuZW 2019, 604 ff.
222 BVerwG, EuZW 2019, 604, 607.
223 BVerwG, EuZW 2019, 604, 605.
224 BVerwG, EuZW 2019, 604, 605, unter Verweis auf BT-Drucks. 2/2781, S. 34.
225 BVerwG, EuZW 2019, 604, 606.
226 BTag Petitionsauss., Abschlussbegr. Petition Id-Nr. 1575 (Fn. 14), S. 1.

Auch das Reichsgericht stellte in einer Entscheidung aus dem Jahr 1923 bereits in ähnlicher Weise fest, dass durch die „Vorschriften über die gesetzliche Währung [...] den einzelnen Staatsgliedern von der Staatsgewalt anbefohlen wird, welche Zahlungsmittel anzunehmen sie verpflichtet sind."[227] Welche juristischen Konsequenzen im Konkreten aus den getroffenen Feststellungen abgeleitet werden können, bleibt jedoch unklar. Die Hinweise auf eine etwaige Annahmepflicht des Geldgläubigers sagen insbesondere nichts darüber aus, *unter welchen Voraussetzungen* eine Annahmepflicht für gesetzliche Zahlungsmittel besteht, und welche Konsequenzen im Falle einer pflichtwidrigen Nichtannahme drohen.

Die im Zusammenhang mit gesetzlichen Zahlungsmitteln oftmals verwendeten Ausdrücke „Annahmezwang" und „Annahmepflicht" erscheinen irreführend, da die Nichtannahme von Banknoten und Münzen, jedenfalls im Geltungsbereich des Bundesbankgesetzes, nicht mit den Mitteln des Straf- oder Ordnungswidrigkeitenrechts sanktioniert wird, sondern allenfalls zivilrechtliche Folgen, namentlich den Annahmeverzug des Geldgläubigers (§§ 293 ff. BGB), nach sich ziehen kann.[228] Ein Zwang im eigentlichen Sinne des Wortes besteht daher nicht. Der teilweise im Zusammenhang mit gesetzlichen Zahlungsmitteln ebenfalls verwendete Ausdruck „Annahmeobliegenheit"[229] erscheint demnach zwar begrifflich zutreffender, soll jedoch auf Grund seiner fehlenden Etabliertheit im juristischen Sprachgebrauch in diesem Text keine Verwendung finden.

Die für das deutsche Recht entscheidende Frage, unter welchen Voraussetzungen das Angebot von auf Euro lautenden Banknoten und Münzen für den Gläubiger einer Geldschuld ein den Anforderungen des § 294 BGB entsprechendes Leistungsangebot darstellt, soll im Folgenden thematisiert werden.

---

227 RGZ 107, 78, 82.

228 *Grothe*, Fremdwährungsverbindlichkeiten, 1999, S. 43; vgl. auch *Siekmann*, IMFS Working Paper Series Nr. 120 (2017), S. 30; *ders.*, in: Röverkamp/Bälz/Hilpert, Cash in East Asia, 2017, S. 175; siehe aber etwa Art. R. 642–3 des französischen Code pénal.

229 So etwa *Grothe*, Fremdwährungsverbindlichkeiten, 1999, S. 44; siehe insb. bereits *Isele*, AcP (129) 1928, 129, 148 („Annahmezwang als Eigenschaft der sog. gesetzlichen Zahlungsmittel bedeutet Annahmeobliegenheit des Geldgläubigers. Weist dieser das angebotene gesetzliche Zahlungsmittel zurück, so kommt er in Annahmeverzug."); ähnl. *Knepper*, Geldschuld und Girozahlung, 1934, S. 14 („lediglich [...] eine Obliegenheit").

II. Qualität der zu leistenden Medien

In qualitativer Hinsicht gilt der währungsrechtlich verfügte Annahmezwang für auf Euro lautende Banknoten und Münzen. Im Hinblick auf die den Annahmeverzug des Geldgläubigers begründende Wirkung der Leistung von Euro-Banknoten und -Münzen muss allerdings insbesondere zwischen auf Parteivereinbarung beruhenden und auf Gesetz beruhenden Geldschulden unterschieden werden.

1. Auf Parteivereinbarung beruhende Geldschulden

Nach deutschem Recht steht bei auf Parteivereinbarung beruhenden Geldschulden den Parteien die Wahl des Tausch- oder Zahlungsmittels grundsätzlich frei (sog. Geldwahlfreiheit).[230] Die Geldwahlfreiheit lässt sich auf die aus dem Recht auf freie Entfaltung der Persönlichkeit (Art. 2 Abs. 1 GG) abgeleitete allgemeine Handlungsfreiheit stützen.[231] Das (Grund-)Recht auf allgemeine Handlungsfreiheit umfasst die Vertragsfreiheit, die es jedermann grundsätzlich erlaubt, einen Vertrag mit beliebigem Inhalt und frei wählbaren Vertragspartnern zu schließen.[232] Auch das BVerwG stellte in einem neueren Beschluss zum Thema der Rundfunkbeitragsschuld etwa ausdrücklich fest, dass „[d]ie Dispositionsbefugnis der Parteien über das taugliche Erfüllungsmittel für Geldschulden […] ihre rechtliche Grundlage in der verfassungsrechtlich gewährleisteten Privatautonomie“ hat.[233] Dem ist zuzustimmen.

Ein dem Art. 2 GG entsprechendes Recht auf allgemeine Handlungsfreiheit ist in der EU-Grundrechte-Charta zwar nicht ausdrücklich enthalten. Dennoch kann die allgemeine Handlungsfreiheit als „allgemeiner Grundsatz“ i.S. des Art. 6 Abs. 3 EU-Vertrag auch im Rahmen einer Grundrechts-

---

230 Näher *Herrmann*, Währungshoheit, Währungsverfassung und subjektive Rechte, 2010, S. 396; i.E. auch *Omlor*, in: Staudinger, BGB, Neubarb. 2021, vor § 244 Rz. B 81; *Grundmann*, in: MünchKomm, BGB, 8. Aufl. 2019, § 245 Rn. 111; *Arnold*, in: Freitag/Omlor (Hrsg.), The Euro as Legal Tender, 2020, S. 145; *v. Olshausen*, Die SEPA-Lastschrift, 2015, S. 42.

231 St. Rspr., siehe nur BVerfG, NJW 1989, 2525 mit w. Nachw.

232 *Di Fabio*, in: Dürig/Herzog/Scholz, GG, 95. EL Juli 2021 (Stand: 07/2001), Art. 2 Rn. 101 mit w. Nachw. auf Rspr. des BVerfG.

233 BVerwG, EuZW 2019, 604, 606.

prüfung auf europäischer Ebene herangezogen werden.[234] Dies hat zur Folge, dass auch auf EU-Ebene der Privatautonomie und der daraus resultierenden Vertragsfreiheit ein hoher Stellenwert einzuräumen ist.

Welche konkrete Wirkung die währungsrechtliche Bestimmung eines gesetzlichen Zahlungsmittels demnach auf privatrechtlich begründete Geldschuldverhältnisse ausübt, ist im Folgenden zu untersuchen. Aufgrund der grundrechtlich garantierten Handlungs- und Vertragsfreiheit ist das gesetzliche Zahlungsmittel als Tauschmittel für Waren oder Dienstleistungen jedenfalls nicht mit Annahmezwang versehen.[235] Als Ausfluss der Privatautonomie steht es den Parteien eines zivil- oder handelsrechtlichen Vertrags daher grundsätzlich frei, eine bargeldlose Zahlung zuzulassen oder als ausschließlich zu vereinbaren.

Diese Verständnisweise kommt beispielsweise auch in einer Stellungnahme der Bank of England für das englische Recht zum Ausdruck:

> „*The term legal tender does not in itself govern the acceptability of banknotes in transactions. Whether or not notes have legal tender status, their acceptability as a means of payment is essentially a matter for agreement between the parties involved. […] In ordinary everyday transactions, the term 'legal tender' has very little practical application.*"[236]

In ähnlicher Weise betont auch die Reserve Bank of New Zealand die Maßgeblichkeit der Parteiabrede für die Erfüllung einer Geldschuld:

> "*[The definition of what legal tender is] does not say that payment must be in legal tender or that any payment in legal tender is sufficient for the debtor to meet their payment obligations. The actual form of payment – whether it*

234 *Kopp*, Die Freiheit der Idee und der Schutz von Schriftwerken, 2014, S. 171; vgl. auch *Streinz*, in: Streinz, EUV/AEUV, 3. Aufl. 2018, Art. 6 EUV Rn. 4.

235 Vgl. *Jung*, Das privatrechtliche Wesen des Geldes, 1926, Einl. Ziff. I. („kein zwingender öffentlich-rechtlicher Annahmezwang"); *Knepper*, Geldschuld und Girozahlung nach deutschem bürgerlichem Recht, 1934, S. 19 („Es ist anerkannten Rechts, daß der öffentlichrechtliche Annahmezwang jederzeit durch Parteivereinbarung außer Kraft gesetzt werden kann"); ähnl. *Omlor*, EuZW 2021, 480, 482 („Private könnten […] für sämtliche Euro-Geldschulden die Annahme von Bargeld ausschließen, ohne dass sie gegen währungsrechtliche Vorgaben verstießen.").

236 Zitiert in: House of Commons Standard Note SN/BT/4993 v. 04.03.2009, abrufbar unter: http://researchbriefings.files.parliament.uk/documents/SN04993/SN04993.pdf.

is by legal tender or some other method – is determined by the contractual context."[237]

Die währungsrechtliche Bestimmung eines gesetzlichen Zahlungsmittels kann jedoch, wie nachfolgend aufgezeigt wird, mittelbar die Vertragsgestaltungsfreiheit im Hinblick auf Zahlungsmodalitäten beschränken und im Zweifelsfall als gesetzliche Auslegungsregel für auf Vertrag beruhende Geldschulden fungieren.

a) Gesetzliche Auslegungsregel

Ein nicht unerheblicher Teil der geldrechtlichen Literatur versteht die währungsrechtliche Bestimmung eines gesetzlichen Zahlungsmittels als eine gesetzliche Auslegungsregel für den Inhalt einer auf Euro lautenden Geldschuld.[238] Etwa nach Ansicht von *v. Maydell* handelt es sich bei der „Bestimmung eines Gegenstandes zum gesetzlichen Zahlungsmittel" um eine geldschuldrechtliche Auslegungsregel, die im Zweifel dann anzuwenden ist, wenn die Vertragsparteien keine ausdrückliche oder konkludente Bestimmung über den Leistungsgegenstand der zwischen ihnen begründeten Geldschuld getroffen haben:[239] „Wenn der Gesetzgeber oder die Parteien eine Geldzahlungspflicht begründen, ergibt sich noch nicht ohne weiteres, wie der Leistungsgegenstand beschaffen ist. Der Ausräumung dieser Unsicherheit dient die Bestimmung eines Gegenstandes zum gesetzlichen Zahlungsmittel."[240]

In sehr ähnlicher Weise stellt auch *Breunig* fest, dass die währungsrechtliche Bestimmung eines gesetzlichen Zahlungsmittels den Charakter einer „dispositive[n gesetzlichen] Auslegungsregel" habe:[241] „Geben [...] die Willenserklärungen der Parteien keinen Aufschluß darüber, wie die geschuldete Zahlungshandlung zu bewirken ist und ergibt sich nicht aus besonderen Umständen die Treuwidrigkeit der Barzahlung, kann der Geldschuldner seiner Verpflichtung durch die Übereignung von Münzen und

---

237 *McBride*, Reserve Bank of New Zealand: Bulletin, Vol. 70 (2007), 31, 33.

238 Siehe etwa *Gramlich*, BBankG, WährungsG, MünzG, 1988, § 14 BBankG [1957] Rn. 13; *v. Maydell*, Geldschuld und Geldwert, 1974, S 64; *Breunig*, Nichtablehnbarkeit von Giralgeld und Einlagensicherung, 1986, S. 166; *Becker*, Der positivrechtliche Begriff des Geldes, 1936, S. 8.

239 *v. Maydell*, Geldschuld und Geldwert, 1974, S 64.

240 *v. Maydell*, Geldschuld und Geldwert, 1974, S 63.

241 *Breunig*, Nichtablehnbarkeit von Giralgeld und Einlagensicherung, 1986, S. 166.

Banknoten nachkommen.“[242] Die Leistung von Bargeld stelle in diesem Fall „eine mögliche Leistungsform“ dar.[243]

Auch *Becker* stellte in abermals ähnlicher Weise in seiner Schrift aus dem Jahr 1936 darauf ab, dass die währungsrechtlichen Vorgaben nur in denjenigen (Zweifels-)Fällen eine Rolle spielten, in denen die Vertragsparteien keine Abrede über die Erfüllung einer zwischen ihnen begründeten Geldschuld getroffen haben:[244] „Den aus der Unbestimmtheit drohenden Widerstreit verhindert der Gesetzgeber nun dadurch, daß er die notwendigen Bestimmungen darüber erläßt, welche Sachen bei diesen Zahlungen als Geld anzusehen sind, d.h. gegeben und angenommen werden müssen.“[245]

Dieses Verständnis einer gesetzlichen Zweifelsregelung findet auch in anderen Rechtsordnungen Bestätigung. So formuliert etwa die Schwedische Reichsbank:

> *„The status of cash as legal tender [...] has greatest significance in the cases where no contracts or agreements have been made on the method of payment and when the payment is made at a later date. [...] The status of legal tender thus mainly has the task of clarifying the legal conditions applying to the parties.”*[246]

Ein ähnliches Verständnis wird beispielsweise auch von *Baskind/Osborne/Roach* für das englische Recht zum Ausdruck gebracht:

> *„In the absence of a course of dealings and any contractual term as to payment, then refusal by the creditor of notes and coins which constitute legal tender would apparently be a breach of contract, because any payment obligations is performed* prima facie *by legal tender.”*[247]

Dieser rechtlichen Einordnung ist weitestgehend zuzustimmen. Mit der staatlichen Anerkennung und Definition von auf Euro lautenden Banknoten und Münzen als gesetzliche Zahlungsmittel wird diesen Medien die Eigenschaft verliehen, im Zweifel geeignetes Mittel zur Erfüllung einer

---

242 *Breunig*, Nichtablehnbarkeit von Giralgeld und Einlagensicherung, 1986, S. 165.
243 *Breunig*, Nichtablehnbarkeit von Giralgeld und Einlagensicherung, 1986, S. 186.
244 *Becker*, Der positiv-rechtliche Begriff des Geldes, 1936, S. 8.
245 *Becker*, Der positiv-rechtliche Begriff des Geldes, 1936, S. 7.
246 *Segendorf/Wilbe*, Sveriges Riksbank Economic Commentaries, No. 9 2014, S. 2.
247 *Baskind/Osborne/Roach* (Hrsg.), Commercial Law, 2nd Ed. 2016, S. 617.

auf Euro lautenden Geldschuld zu sein.[248] Wenn jenseits des zu leistenden Wertquantums durch Bezifferung des Euro-Nennwertes keine Vereinbarung über den Leistungsgegenstand einer auf Euro lautenden Geldschuld zwischen den Vertragspartien getroffen wurde, ist der Geldschuldner grundsätzlich berechtigt, eine auf Euro lautende Geldschuld durch Übereignung und Übergabe von auf Euro lautenden Banknoten und Münzen zu erfüllen; ebenso ist der Geldgläubiger grundsätzlich berechtigt die Leistung gesetzlicher Zahlungsmittel zu verlangen.[249] Zu Recht wird in der geldrechtlichen Literatur jedoch betont, dass „Fragen der Schulderfüllung und des Annahmezwangs [...] im Kern privatrechtlicher Art" sind[250] und das Geldschuldverhältnis vom „Primat des Parteiwillens" beherrscht wird[251].

Das Eingreifen eines Annahmezwangs für gesetzliche Zahlungsmittel setzt bei auf Parteivereinbarung beruhenden Geldschulden jedenfalls voraus, „dass die Parteien Barzahlung vereinbart haben, diese dem Schuldner zumindest gestattet ist oder dass überhaupt keine Vereinbarung über die Art und Weise der Zahlung" getroffen wurde.[252] Im Falle einer fehlenden „Vereinbarung über die Art und Weise der Zahlung" kommt der währungsrechtlichen Bestimmung eines gesetzlichen Zahlungsmittels der Charakter einer gesetzlichen (materiellen) Auslegungsregel zu, die „im Zweifel" gilt, wenn sich der Wille der Vertragsparteien gemäß den vorrangigen[253] §§ 133, 157 BGB nicht zweifelsfrei bestimmen lässt.

---

248 Ähnl. *Häuser*, in: MünchKomm, HGB, 4. Aufl. 2019, Bd. 6, B. (Überweisungsverkehr) Rn. 581; *Omlor*, EuZW 2021, 480, 484 („positive Funktion zur Lückenfüllung", „subsidiäre Auffangregelung").

249 Auch ein aus dem Status eines gesetzlichen Zahlungsmittels folgendes Recht des Geldgläubigers wird betont, so bspw. *Gramlich*, BBankG, WährungsG, MünzG, 1988, § 14 BBankG [1957] Rn. 14 („Der Gläubiger braucht aber auf das Ansinnen des Schuldners, ihm [...] Buch-Geld zu verschaffen [... nicht] einzugehen."); vgl. auch *Becker*, Der positiv-rechtliche Begriff des Geldes, 1936, S. 7 („gegeben und angenommen").

250 *Nussbaum*, Das Geld in Theorie und Praxis des deutschen und ausländischen Rechts, 1925, S. 17; zust. *Jung*, Das privatrechtliche Wesen des Geldes, 1926, S. 20; ähnl. *Becker*, Der positiv-rechtliche Begriff des Geldes, 1936, S. 8.

251 *Grothe*, Fremdwährungsverbindlichkeiten, 1999, S. 49; sehr ähnl. *Münch*, Das Giralgeld in der Rechtsordnung der [BRD], 1990, S. 180.

252 *Freitag*, AcP 213 (2013), 128, 134.

253 Ein grds. Vorrang der §§ 133, 157 BGB ggü. kodifizierten materiellen Auslegungsregeln (bspw. §§ 449 Abs. 1, 926 Abs. 1 Satz 2 BGB) wird in der Lit. betont, siehe etwa *Schellhammer*, Schuldrecht nach Anspruchsgrundlagen, 9. Aufl. 2014, S. 35; *Tassikas*, Dispositives Recht und Rechtswahlfreiheit, 2004, S. 105; vgl. spez. für § 2270 Abs. 2 BGB auch *Steiner*, JuS 2003, 1054, 1055 f.

b) Schranke der Vertragsgestaltungsfreiheit

Die Vertragsfreiheit, insbesondere die Vertragsgestaltungsfreiheit, ist AGB-rechtlichen Schranken ausgesetzt. Dies gilt vor dem Hintergrund des Art. 128 AEUV insbesondere auch in Bezug auf Klauseln über Barzahlungsausschlüsse und -beschränkungen. In der Literatur wird etwa die Frage gestellt, „ob mit dem Konzept des gesetzlichen Zahlungsmittels [...] eine Bindungswirkung dergestalt einhergeht", dass in einer Abweichung von diesem Konzept durch AGB eine unangemessene Benachteiligung i.S. des § 307 Abs. 1 BGB anzunehmen sein kann.[254] Diese Frage kann sicherlich nur unter Berücksichtigung des Grades der Abweichung im jeweiligen Einzelfall beantwortet werden.

Eine Regelung in Allgemeinen Geschäftsbedingungen, die Bargeldzahlungen ausschließt oder beschränkt ist als Abweichung vom gesetzlichen Regelfall der Barzahlung grundsätzlich uneingeschränkt der AGB-rechtlichen Inhaltskontrolle nach den §§ 307 ff. BGB unterworfen.[255] Bringt eine in AGB enthaltene Barzahlungsbeschränkung für den Vertragspartner Nachteile mit sich, so ist im Rahmen der Inhaltskontrolle abzuwägen, ob dem Vertragspartner angesichts der Rationalisierungsinteressen des Verwenders die sich aus der Barzahlungsbeschränkung ergebenden Nachteile zugemutet werden können.[256]

Eine Entscheidung des BGH vom 20. Mai 2010 betraf etwa eine Regelung in den Beförderungsbedingungen einer Fluggesellschaft, wonach die Fluggesellschaft „[w]egen der erhöhten Sicherheits- und Verwaltungskosten [...] kein Bargeld für die Bezahlung von Flugscheinen, die Entrichtung von Gebühren und Kosten [...] akzeptiert".[257] Im Rahmen der vorzunehmenden Interessenabwägung beurteilte der BGH diese Regelung nicht als eine unangemessene Benachteiligung des Vertragspartners, insbesondere, da im Bereich von Luftbeförderungsverträgen die Buchung über das Internet die gängigste Form des Vertragsschlusses darstelle.[258] Die Klausel habe im Vergleich zur gesetzlichen Regelung, wonach Geldschulden „grundsätzlich durch Barzahlung zu erfüllen" sind, zwar zu einer Benachteiligung des Vertragspartners geführt.[259] Diese Benachteiligung sei im zu

254 *Freimuth*, in: Siekmann (Hrsg.), EWU, 2013, Art. 128 AEUV Rn. 82.
255 BGH, NJW 2010, 2719, 2720; vgl. auch *Manger-Nestler/Gramlich*, WM 2019, 1997, 2003.
256 BGH, NJW 2010, 2719, 2720.
257 BGH, NJW 2010, 2719.
258 BGH, NJW 2010, 2719, 2720.
259 BGH, NJW 2010, 2719, 2720.

beurteilenden Fall jedoch nicht unangemessen gewesen.[260] Nach Ansicht des erkennenden Senats war für die vorgenommene Beurteilung ausschlaggebend, dass die Verwenderin nach den der Entscheidung zu Grunde gelegten Feststellungen ihre Leistungen nahezu ausschließlich im Fernabsatz angeboten hat.[261] Eine Barzahlung „wäre in diesem Rahmen für beide Vertragsparteien mit einem kaum zu rechtfertigenden Aufwand verbunden" gewesen.[262] Angesichts dessen sei es für Kunden, die den Vertragsschluss im Wege des Fernabsatzes vorgenommen hatten, zumutbar gewesen, „die Zahlung auf elektronischem Weg mittels der Daten einer Kredit- oder Zahlungskarte, zum Beispiel im elektronischen Lastschriftverfahren zu erbringen."[263]

Eine regelmäßige Wirksamkeit von formularmäßig vereinbarten Barzahlungsausschlüssen oder -beschränkungen lässt sich der Entscheidung nicht entnehmen. Es ist grundsätzlich auf Seiten der Verwender zwar zulässig, bei der Gestaltung von AGB Rationalisierungsgesichtspunkte zu berücksichtigen.[264] Allerdings darf der jeweilige Verwender seine Rationalisierungsinteressen nicht einseitig und ohne Rücksicht auf die Belange seines Vertragspartners durchsetzen.[265] Die Wirksamkeit von Klauseln, die Zahlungsmodalitäten, insbesondere etwa Barzahlungsbeschränkungen oder vorzuhaltende Wechselgeldkontingente, regeln, bleibt somit – in einem gewissen Umfang – stets einer Interessenabwägung im Einzelfall vorbehalten. In diesem Sinne stellte auch eine von der Europäischen Kommission eingesetzte Expertengruppe in ihrem Bericht zur Zahlungsmitteleigenschaft von Euro-Banknoten und -Münzen aus dem Jahr 2009 fest, dass der währungsrechtlich verfügte Annahmezwang durchaus in einem Spannungsverhältnis zur grundfreiheitlich verankerten Vertragsfreiheit steht, die es den Vertragsparteien erlaubt, den Inhalt ihrer wechselseitigen Verpflichtungen grundsätzlich frei zu bestimmen.

Im Konkreten formulierte die Expertengruppe:

> *"The concept of legal tender encounters that of contractual freedom and the issue is to ascertain which of the two prevails in any given circumstance."*[266]

---

260 BGH, NJW 2010, 2719, 2720.
261 BGH, NJW 2010, 2719, 2720.
262 BGH, NJW 2010, 2719, 2720.
263 BGH, NJW 2010, 2719, 2720.
264 BGH, NJW 1996, 988, 989; NJW 2010, 2719, 2720.
265 BGH, NJW 1996, 988, 989; NJW 2010, 2719, 2720.
266 ELTEG, Report on the Definition, Scope and Effects of Legal Tender, o.J., S. 4.

2. Auf Gesetz beruhende Geldschulden

Die im Rahmen von vertraglichen Geldschulden geltende Geldwahlfreiheit gilt nicht für auf Gesetz beruhende Geldschulden, insbesondere nicht für deliktische und sekundäre Schadensersatzansprüche.[267] Das deutsche Schadensersatzrecht ist zwar durch den Grundsatz der Naturalrestitution geprägt, so dass ein unmittelbarer Schadensausgleich in Geld *de jure* nur in Ausnahmefällen in Betracht kommt. Jedoch ordnet das BGB für bestimmte Kategorien von Schadensersatzleistungspflichten die Festsetzung der Leistung „in Geld“ an, etwa bei Unmöglichkeit des Schadensausgleichs durch Naturalrestitution (§ 251 Abs. 1 BGB). Auch Wertersatz (bspw. §§ 346 Abs. 2, 818 Abs. 2 BGB) ist, ohne dass dies ausdrückliche Erwähnung im BGB findet, stets „in Geld“ zu leisten.[268]

Auf Gesetz beruhende Geldschulden entstehen, jedenfalls, sofern das dem Rechtsstreit zugrundeliegende Schuldverhältnis deutschem Recht unterliegt, in der Währungseinheit Euro,[269] ohne dass den Parteien eine originäre Dispositionsbefugnis über ihren jeweiligen Leistungsgegenstand

---

267 Auch sekundäre Schadensersatzansprüche wegen Verletzung vertraglicher Pflichten sind rechtsdogmatisch als gesetzliche Schadensersatzansprüche einzuordnen, siehe nur *Jacoby*, in: Jaeger, InsO, Bd. 3, 2014, § 103 Rn. 307; *Guth*, Der Versicherungsschutz des Ship Managers, 2011, S. 291.

268 Siehe etwa *Herber/Harm*, in: MünchKomm, HGB, 4. Aufl. 2020, § 429 Rn. 14 („Wertersatz ist stets in Geld zu leisten“). *Kaiser*, in: Staudinger, BGB, Neubearb. 2012, § 346 Rn. 107 („Der Anspruch auf Wertersatz geht grundsätzlich auf Geld.“); *Döll*, Rückgewährstörungen beim Rücktritt, 2011, S. 112 („Der Anspruch auf Wertersatz ist ein auf die Zahlung von Geld gerichteter Anspruch“).

269 Siehe u.a. ausdr. BGH, Beschl. v. 13.08.2015 – 2 StR 62/15, BeckRS 2015, 17044, Rn. 4 („[B]ei Schadensersatzansprüchen [handelt es sich] regelmäßig um Geldwertschulden [...], die grundsätzlich in inländischer Währung entstehen, soweit sie sich [...] aus deutschem Recht ergeben.“); vgl. auch bereits BGH, NJW 1954, 1441 („[I]in der Regel ist [bei Schadensersatzansprüchen ...] anzunehmen, daß das Urt. auf Zahlung in der heimischen Währung zu ergehen hat“); i.E. ebenso BGH, NJW-RR 1998, 1426, 1429; NVZ 1989, 105, 107; siehe aus der Lit. insb. *Herrmann*, Währungshoheit, Währungsverfassung und subjektive Rechte, 2010, S. 316 („Immer wenn das Gesetz Ansprüche auf ‚Geld‘ begründet (z.B. in den §§ 250, 251 BGB), [...] ist der Euro gemeint.“); siehe bereits *Peisert*, Der rechtliche Inhalt einer Geldschuld, 1897, S. 14 („Gesetzliche Schulden sind naturgemäss stets in Währung [...] zu leisten.“); *Kaufmann*, Zur Lehre von dem Inhalte einer Geldschuld, 1894, S. 33 („Schon aus der Bedeutung des Geldes im Rechtssinne als derjenigen Sachenart, nach welcher die Rechtsordnung den Wert der Verkehrsgüter bemisst und in welcher sie denselben vertreten lässt, folgt, dass eine gesetzliche Geldschuld in der Währung denjenigen Gebietes zu tilgen ist, für welches das betreffende Gesetz gilt.“).

zukommt. Sie sind daher grundsätzlich durch Übereignung und Übergabe von auf Euro lautenden Banknoten und Münzen zu begleichen.[270] Zwar steht es auch bei auf Gesetz beruhenden Geldschulden dem Gläubiger frei, eine andere Leistung als Geldzeichen an Erfüllungs statt i.S. des § 364 Abs. 1 BGB zu akzeptieren. Der Schuldner ist jedoch grundsätzlich berechtigt, gesetzliche Zahlungsmittel zu leisten. Eine gesetzliche Beschränkung des Annahmezwangs für gesetzliche Zahlungsmittel existiert einzig für Euro-Umlaufmünzen, Art. 11 Satz 3 der EuroEinfVO, und deutsche Euro-Gedenkmünzen, § 3 Abs. 1 MünzG. Ein darüber hinausgehendes Recht, die Annahme oder die Leistung von gesetzlichen Zahlungsmitteln zu verweigern, kann sich für den Gläubiger bzw. den Schuldner nur im Einzelfall aus dem Gebot von Treu und Glauben (§ 242 BGB) ergeben,[271] etwa wenn besonders große Beträge zu leisten sind.[272] Ab welcher Höhe des geschuldeten Betrages der Geldgläubiger oder -schuldner im Konkreten berechtigt sein kann, die unbare Erfüllung einer Schadens- oder Wertersatzpflicht zu verlangen, ist allerdings eine Frage des Einzelfalls, die hier keiner abschlie-

270 Siehe u.a. BGH, NJW 2010, 2719, 2720 („Geldschulden sind [...] grundsätzlich durch Barzahlung zu erfüllen."); BGH, NJW 1986, 2428, 2429 („Eine Geldschuld ist an sich in bar, d. h. durch Übereignung einer entsprechenden Anzahl von gesetzlichen Zahlungsmitteln, zu erfüllen."); wohl auch BGH, NJW 1994, 318, 319 („Das BGB geht als selbstverständlich davon aus, daß jede Geldschuld durch Barzahlung des Nennwertbetrages erfüllt werden [...] kann"); in der oberlandesgerichtlichen Rechtsprechung OLG Köln NJW-RR 1991, 50 („Geldschulden sind [...] grundsätzlich Barschulden, [...]."); OLG Hamm, NJW 1987, 70 („[Gelds]chulden sind grundsätzlich durch Barzahlung, d.h. durch Übereignung und Übergabe von Banknoten oder Münzen zu begleichen."); OLG FFM, NJW 1987, 455 („[E]ine Geldschuld [... ist] grundsätzlich durch die Zahlung von Geld in inländischer Währung [hier i.S. gesetzlicher Zahlungsmittel, Anm. des Verf.] zu erfüllen").

271 Siehe etwa *Papapaschalis*, in: v. der Groeben/Schwarze/Hatje (Hrsg.), Europäisches Unionsrecht, 7. Aufl. 2015, Art. 128 Rn. 49 („[D]er Grundsatz von Treu und Glauben [kann ...] bei Einzelhandelstransaktionen in bestimmten Fällen die Ablehnung von Banknoten in relativ hoher Stückelung [...] oder von Bargeld in seiner Gesamtheit [...] rechtfertigen."); ähnl. OLG Karlsruhe, NJW-RR 2020, 1180, 1181 („[E]ine Einschränkung des Annahmezwangs für Euro-Bargeld zwischen Privaten [ergibt sich] aus dem Gesichtspunkt der Zumutbarkeit bzw. aus dem Grundsatz von Treu und Glauben").

272 *Hahn/Häde*, Währungsrecht, 2. Aufl. 2010, S. 24; *Breunig*, Nichtablehnbarkeit von Giralgeld und Einlagensicherung, 1986, S. 185 „(„Millionenbetrag"); *Duden*, Der Gestaltwandel des Geldes und seine rechtlichen Folgen, 1968, S. 8 („Millionenbeträge", allerdings ohne ausdr. Verweis auf § 242 BGB); vgl. auch *Luan*, Geldschöpfungsprozess und Geld als abstraktes Schuldversprechen, 2016, S. 171.

ßenden Klärung zugeführt werden kann. Grundsätzlich stellen jedoch nur auf Euro lautende Banknoten und Münzen das eventuell „letzte zwangsweise Solutionsmittel" für Verbindlichkeiten jeder Art dar,[273] jedenfalls, sofern deren Erfüllung *in natura* unmöglich geworden ist oder aus anderen Gründen von den Parteien des (gesetzlichen) Schuldverhältnisses abgelehnt werden kann.

Diese Geltung des gesetzlichen Zahlungsmittels als das „vollkommenste Mittel der positiven Erzwingung des Privatrechts".[274] ist von seiner Geltung als Tauschmedium im allgemeinen Wirtschaftsverkehr zu unterscheiden.[275] Für den Tauschwert eines Verkehrsguts und damit einhergehend für dessen Akzeptanz im Wirtschaftsverkehr ist der Status eines gesetzlichen Zahlungsmittels weder eine notwendige noch eine hinreichende Voraussetzung.[276] Wenn tatsächlich die staatlich ausgegebenen Geldzeichen und auf sie lautende Forderungen (Buchgeld und E-Geld i.S. des § 1a Abs. 3 ZAG) als allgemein akzeptiertes Tauschmittel dienen, so bedeutet dies lediglich, dass die gesetzlichen Zahlungsmittel – wie heutzutage üblich – auch ökonomisch als Zahlungsmittel anerkannt sind.

III. Quantität der zu leistenden Medien

Der währungsrechtlich (dispositiv) verfügte Annahmezwang für die als gesetzliches Zahlungsmittel geltenden Medien (in qualitativer Hinsicht) ist von dem sogenannten Zwangskurs – dem Annahmezwang zum gesetzlichen Nennwert – zu unterscheiden. So formuliert auch beispielsweise *Becker*, dass durch die hoheitliche Vorgabe eines gesetzlichen Zahlungsmittels noch „nicht auch schon ohne weiteres darüber entschieden [sei], welche Menge dieses mit bestimmten Werteinheiten versehenen Geldes zur Tilgung einer in der Vergangenheit begründeten Geldschuld erforder-

---

273 *Helfferich*, Das Geld, 4. Aufl. 1919, S. 302.

274 *Frauenfelder*, Das Geld als allgemeiner Rechtsbegriff, 1938, S. 123.

275 Vgl. *Burckhardt*, ZBJV 71 (1935), 6, 12.

276 So ausdr. *Schilcher*, Geldfunktionen und Buchgeldschöpfung, 1973, S. 57; ferner *Helfferich*, Das Geld, 4. Aufl. 1919, S. 300 („Der Staat kann ein Tauschmittel nicht zum ‚gesetzlichen Tauschmittel' machen, d.h. zu einem Tauschmittel, mit welchem der Käufer kaufen und gegen welches der Verkäufer verkaufen muss."); *Burckhardt*, ZBJV 71 (1935), 6, 16 („[N]icht alles, was das Gesetz zum Geld im Rechtssinne macht, [ist] auch tauglich [...], die wirtschaftliche Funktion des Geldes in der Privatwirtschaft zu erfüllen.").

lich ist."[277] Inwieweit der währungsrechtlichen Bestimmung eines gesetzlichen Zahlungsmittels (Art. 128 Abs. 1 Satz 2 AEUV) über die qualitative Aussage im Hinblick auf die leistenden Medien hinaus auch ein nominalistischer Inhalt („Zwangskurs")[278] zugesprochen werden kann, insbesondere im Falle von starken Geldwertveränderungen, ist mangels einer ausdrücklichen gesetzlichen Regelungen nicht eindeutig. Im Unterschied zu § 61 Abs. 2 des Österreichischen Nationalbankgesetzes, beispielsweise, definiert das BBankG eine solche Wirkung nicht. Aus dem Status eines gesetzlichen Zahlungsmittels wird jedoch auch für die in Deutschland als gesetzliches Zahlungsmittel geltenden Medien ein Annahmezwang zum Nennwert abgeleitet;[279] die Validität dieser Annahme sowie die Frage, ob ein derartiger Nominalismus unmittelbar aus dem Währungsrecht folgt, soll allerdings nicht Gegenstand der vorliegenden Arbeit sein. Auch können privatrechtliche Zahlungspflichten unter Umständen anders als öffentlich-rechtliche Zahlungspflichten zu beurteilen sein.

IV. Ausgewählte Fragestellungen

Nach einer Empfehlung der Europäischen Kommission vom 22. März 2010 sollte „[d]ie Annahme von Euro-Banknoten und -Münzen als Zahlungsmittel bei Einzelhandelstransaktionen […] die Regel sein".[280] Allerdings soll diese Maßgabe nur gelten, „[s]ofern sich die Parteien nicht auf andere Zahlungsmittel geeinigt haben".[281] Wie aufgezeigt entspricht dieses Verständnis den grundrechtlichen Garantien des Art. 2 Abs. 1 GG, wonach die Wahl des Tauschmittels grundsätzlich den an einer Transaktion beteiligten Parteien obliegt. Die aus der allgemeinen Handlungsfreiheit abgeleitete Geldwahlfreiheit, insbesondere die Vereinbarung eines anderen Tauschmittels als gesetzliche Zahlungsmittel, kann jedoch wie gezeigt in gesetzlichen Vorschriften (bspw. Art. 128 Abs. 1 Satz 2 AEUV) und in

---

277 *Becker*, Der positiv-rechtliche Begriff des Geldes, 1936, S. 18.

278 So etwa die Terminologie in RGZ 107, 78, 92.

279 So etwa für auf D-Mark lautende Banknoten *v. Spindler/Becker/Starke*, Die Deutsche Bundesbank, 4. Aufl. 1973, § 14 BBankG S. 285. („obligatorisches Geld, das […] zum Nennwert angenommen werden muß"); wohl auch BGH, NJW 1994, 318, 319 („jede Geldschuld [kann] durch Barzahlung des Nennwertbetrages erfüllt werden"); näher. *v. Maydell*, Geldschuld und Geldwert, 1974, S. 65 ff.

280 Kommission, Empf. 2010/191/EU v. 22.03.2010, Abl. EU 2010, Nr. L 83/70 f., Nr. 2.

281 Ebd., Nr. 1 Buchst. a).

AGB-rechtlichen Wirksamkeitsvoraussetzungen ihre Grenzen finden. Um diese Annahme zu verdeutlichen, sollen nachfolgend ausgewählte Fallbeispiele im Hinblick auf die Annahmeverzug begründende Wirkung von Banknoten und Münzen dargestellt werden.

1. Annahme von Banknoten mit einem hohen Nominalwert

Vielfach wurde medial thematisiert, ob und inwieweit es mit dem Gebot des gesetzlichen Annahmezwangs vereinbar ist, wenn Händler die Annahme von Euro-Banknoten mit einem hohen Nominalwert, etwa 200- oder 500-Euro-Banknoten, verweigern. Ob der Gläubiger einer auf Vertrag beruhenden Geldschuld berechtigt ist, die Leistung von Euro-Banknoten mit einem hohen Nominalwert abzulehnen, ohne dabei in Annahmeverzug zu geraten, hängt vor allem davon ab, inwieweit die Vertragsparteien auf privatrechtlicher Ebene die Zahlung mit bestimmten Stückelungen der Euro-Banknotenserien oder die Herausgabe von Wechselgeld ab einem bestimmten Betrag ausgeschlossen haben. Nachfolgend soll zunächst am Beispiel von Selbstbedienungstankstellen aufgezeigt werden, unter welchen Bedingungen derartige Leistungsmodalitäten wirksam etwa mittels AGB vereinbart werden können.

Nach der Rechtsprechung des BGH erfolgt der Vertragsschluss an Selbstbedienungstankstellen zu dem Zeitpunkt, an dem der Kunde durch das Abfüllen des Kraftstoffs in den Tank seines Fahrzeugs einen „praktisch unumkehrbare[n] Zustand" geschaffen hat.[282] Wurde der Kunde also vor dem Beginn des Befüllvorgangs, etwa durch einen deutlichen Hinweis an der Zapfsäule, auf die Nichtannahme von 500-Euro-Banknoten hingewiesen, ist diese generell nicht überraschende (§ 305c Abs. 1 BGB) und, vorbehaltlich besonders begründeter Einzelfälle, nicht unangemessen benachteiligende (§ 307 Abs. 1 BGB) Bedingung in Form einer AGB gemäß § 305 Abs. 2 Nr. 1 BGB wirksam in das Vertragsverhältnis einbezogen worden. In diesem Fall haben die Parteien den Gegenstand der geschuldeten (Gegen-)Leistung[283] des zwischen ihnen geschlossenen Kaufvertrags über Kraftstoff auf bestimmte Stückelungen von Euro-Banknoten beschränkt.

---

282 BGH, NJW 2011, 2871.

283 Die Geldschuld ist nicht typenbestimmende (Haupt-)Leistungspflicht, „sondern die vielen Typen gemeinsame Gegenleistungspflicht", so *Gernhuber*, Die Erfüllung und ihre Surrogate, 2. Aufl. 1994, S. 203; ähnl. *Isele*, AcP 129 (1928), 129, 181 f. („[Die Geldschuld] ist die üblichste, am wenigsten individuell gestaltete

Hat der Tankstellenbetreiber allerdings nicht vor dem Zeitpunkt des Vertragsschlusses auf die Nichtannahme von 500-Euro-Banknoten hingewiesen, gerät er in Annahmeverzug, wenn der Kunde ihm Banknoten mit diesem Nennwert anbietet und er diese – etwa unter Berufung auf Sicherheitsgründe – nicht annimmt. Dies gilt jedenfalls, sofern der Nominalwert der angebotenen Banknote nicht außer Verhältnis zum geschuldeten Geldbetrag steht.[284] Erstens werden AGB, über deren Existenz der Verwender den Vertragspartner erst nach Vertragsschluss informiert, kein Vertragsbestandteil. Zweitens gilt die Pflicht zur Annahme von Banknoten auf Seiten des Geldgläubigers, auch bei hohen Stückelungen, grundsätzlich unbeschränkt, § 14 Abs. 1 Satz 2 BBankG.

Dieses Ergebnis wird auch durch eine Empfehlung der Europäischen Kommission vom 22. März 2010 bestätigt, wonach „Banknoten in hoher Stückelung [...] bei Einzelhandelstransaktionen" grundsätzlich „als Zahlungsmittel angenommen werden" sollten.[285] Eine Ausnahme von diesem Regelfall sei nur aus Gründen im Zusammenhang mit dem Grundsatz von Treu und Glauben möglich, beispielsweise, „wenn der Nennwert der angebotenen Banknote im Vergleich zu dem Betrag, der dem Zahlungsempfänger geschuldet wird, unverhältnismäßig ist"[286] oder „wenn der Einzelhändler über kein Wechselgeld verfügt"[287]. Insbesondere letztere Voraussetzung wird im Folgenden thematisiert.

2. Vorhalten von Wechselgeld

Eine weitere für die Erfüllungswirkung von Banknoten entscheidende Frage besteht darin, ab wann der Gläubiger einer Geldschuld auch unabhängig von entsprechenden AGB-Regelungen berechtigt ist, die Annahme einer Banknote mit einem hohen Nominalwert zu verweigern, wenn ihm beispielsweise nicht genug Wechselgeld zur Verfügung steht. Eine dem Art. L. 112–5 des französischen *Code Monétaire et Financier* entsprechende Regelung, wonach der Schuldner bei einer Zahlung mit Banknoten und Münzen grundsätzlich dazu verpflichtet ist, dem Nominalwert der Schuld

---

Leistung."); *v. Maydell*, Geldschuld und Geldwert, 1974, S. 7 (keine „typenbildende Kraft").

284 Dazu sogleich unten im Text.

285 Kommission, Empf. 2010/191/EU v. 22.03.2010, Abl. EU 2010, Nr. L 83/70 f., Nr. 3.

286 Ebd.

287 Ebd., Nr. 2.

entsprechende Geldzeichen zu leisten („passend zu zahlen"),[288] existiert im deutschen Recht nicht. Die gesetzliche Rechtslage ist demnach unklar.

a) Grenzen der Verkehrsüblichkeit

Nach einhelliger Literaturmeinung ist der Gläubiger einer Geldschuld gemäß den Grundsätzen von Treu und Glauben (§ 242 BGB) zwar angehalten, im Rahmen des Verkehrsüblichen den Differenzbetrag zwischen geschuldeter Geldsumme und Nominalwert des angebotenen Geldzeichens in Form von Wechselgeld herauszugeben.[289] Eine ausdrücklich normierte gesetzliche Pflicht zum Vorhalten von Wechselgeld existiert, mit Ausnahme von auf kommunaler Ebene erlassenen Rechtsverordnungen,[290] jedoch nicht. Die Verkehrsüblichkeit der Wechselgeldherausgabe, etwa bei einer Zustellung per Nachnahme, ist demnach unter Berücksichtigung der Umstände des jeweils zu beurteilenden Sachverhalts zu ermitteln.

Nach welchen Maßstäben die Bewertung erfolgen soll, ist allerdings nicht eindeutig. Der Gläubiger einer Geldschuld gerät jedenfalls dann nicht in Annahmeverzug (§§ 293 ff. BGB), wenn der Nominalwert des angebotenen Geldzeichens außer Verhältnis zum geschuldeten Geldbetrag steht. Beispielhaft führt *Feldman* hierzu aus: „Wer achtzig Cent zu fordern hat, muss nicht darauf vorbereitet sein, auf einen Hunderteuroschein herausgeben zu können und gerät dann deshalb nicht in Annahmeverzug. Andererseits muss etwa von einem Taxifahrer, der einen Fahrpreis von 16,20 Euro gefordert hat, erwartet werden können, dass er den Rest auf einen Fünfzigeuroschein zurückgeben kann."[291] Ab wann ein den Anforderungen des § 294 BGB entsprechendes Leistungsangebot vorliegt, ist daher eine Frage des Einzelfalls.

288 *„En cas de paiement en billets et pièces, il appartient au débiteur de faire l'appoint."*

289 *Ernst*, in MünchKomm, BGB, 8. Aufl. 2019, § 294 Rn. 4; *Feldmann*, in: Staudinger, BGB, Neubearb. 2019, § 294 Rn. 8; *Geisler*, in: jurisPK-BGB, 9. Aufl. 2021, § 294 Rn. 4; *Grüneberg*, in: Grüneberg, BGB, 81. Aufl. 2022, § 294 Rn. 4; *Hager*, in: Erman, BGB, 16. Aufl. 2020, § 294 Rn. 5; *Lorenz*, in: BeckOK, BGB, Stand: 01.11.2021, § 294 Rn. 5; *Martens*, JuS 2014, 105, 108 f.; für das Schweizer Recht grds. eine Vorhaltepflicht ablehnend *Bucher*, OR Allg. Teil, 2. Aufl. 1988, S. 320 mit Fn. 8.

290 Dazu sogleich unten im Text.

291 *Feldmann*, in: Staudinger, BGB,: Neubearb. 2019, § 294 Rn. 8.

b) Bestimmungen in materiellen Gesetzen und AGB

Neben den Erfordernissen des § 242 BGB (Verkehrsüblichkeit) können sich vorzuhaltende Wechselgeldkontingente auch durch ausdrückliche Bestimmungen in AGB oder sogar durch materielle Gesetze ergeben.

Etwa in Bezug auf Taxifahrer gilt die Besonderheit, dass die von den Landkreisen und Städten auf Grundlage von § 51 Abs. 1 Satz 3 PBefG (i.V. mit landesrechtlichen Zuständigkeitsverordnungen, in Hessen bspw. § 2 Nr. 2 PBefGZustVO) erlassenen Taxenordnungen oftmals Konkretisierungen über das Vorhalten von Wechselgeld enthalten. So enthält etwa § 4 Abs. 7 der Taxenordnung der hessischen Landeshauptstadt Wiesbaden eine Regelung, wonach der Fahrzeugführer „stets Wechselgeld in Höhe von 50,00 Euro bereitzuhalten" hat.[292] In § 5 Abs. 4 der Taxenordnung der Stadt Freiburg i. Br. ist – um ein weiteres Beispiel zu nennen – ein (Mindest-)Wechselgeldkontingent i.H. von 25,00 Euro bestimmt.[293] In diesen Fällen liegt ein den Anforderungen des § 294 BGB entsprechendes Leistungsangebot vor, wenn die Differenz zwischen dem geschuldeten Beförderungsentgelt und dem Nominalwert des angebotenen Geldzeichens 50,00 Euro bzw. 25,00 Euro nicht übersteigt.

Die Verpflichtung zur Vorhaltung eines größeren Wechselgeldkontingents (bspw. ein Betrag in Höhe von 50,00 Euro) ist für den Geldschuldner vorteilhaft. Vereinbarungen über Wechselgeldkontingente können allerdings auch zum Nachteil des Geldschuldners ausgestaltet werden. Mitunter wird in tatsächlich verwendeten AGBs sogar eine Pflicht zur passenden Zahlung bestimmt. Beispielhaft kann hier auf § 7 Abs. 1 Satz 1 der Beförderungsbedingungen & Tarifbestimmungen des „BürgerBus Samtgemeinde Harsefeld e.V." verwiesen werden, wonach das Beförderungsentgelt „abgezählt bereitzuhalten [ist]".[294]

Eine Regelung in AGB, die die Herausgabe von Wechselgeld ausschließt oder beschränkt ist als Abweichung von der (gesetzlichen) Treu- und Glaubenspflicht zur Herausgabe von Wechselgeld grundsätzlich der AGB-

292 Taxenordnung der Landeshauptstadt Wiesbaden v. 01.12.2010, abrufbar unter: https://www.wiesbaden.de/medien-zentral/dok/rathaus/stadtrecht/3_-_1.1_Taxenordnung.pdf.

293 Rechtsverordnung zur Regelung des Taxenverkehrs in der Stadt Freiburg i. Br. v. 05.09.1990 i.d. Fass. der Satzung v. 27.09.2001, abrufbar unter: http://www.freiburg.de/pb/site/Freiburg/get/documents_E495119876/freiburg/daten/ortsrecht/07%20Verkehr/OrtsR_07_01.pdf.

294 Stand: 03/2021, abrufbar unter: http://www.buergerbus-harsefeld.de/Befoerderungsbedingungen/.

rechtlichen Inhaltskontrolle nach den §§ 307 ff. BGB unterworfen. Der Begriff „Rechtsvorschriften" i. S. des § 307 BGB ist weit zu verstehen und umfasst nicht nur Gesetzesbestimmungen, sondern auch allgemein anerkannte Rechtsgrundsätze wie „die aufgrund ergänzender Auslegung nach §§ 157, 242 BGB [...] zu entnehmenden Rechte und Pflichten".[295] Auch Abweichungen von Treu- und Glaubenspflichten im Zusammenhang mit Barzahlungen sind daher grundsätzlich kontrollfähig.

Im Regelfall dürfte eine (moderate) Beschränkung der Wechselgeldherausgabe nicht zu beanstanden sein, jedenfalls, sofern die jeweilige Regelung mit Rationalisierungsinteressen auf Seiten des Verwenders gerechtfertigt werden kann. Insbesondere eine Beschränkung der Herausgabe von Wechselgeld auf niedrige Geldbeträge (bspw. 10,00 Euro[296] oder 5,00 Euro[297]) oder ein kompletter Ausschluss könnten im Einzelfall und je nach Geschäftsfeld des Geldgläubigers jedoch eine unangemessene Benachteiligung des Geldschuldners darstellen und somit nach § 307 Abs. 1 BGB unwirksam sein. Ähnlich wie bei der Beurteilung der Verkehrsüblichkeit im Rahmen des § 242 BGB muss auch die Wirksamkeit von AGB-Regelungen über vorzuhaltende Wechselgeldkontingente stets einer Interessenabwägung im Einzelfall vorbehalten bleiben.

3. Annahme von Ein- und Zwei-Cent-Münzen in größerer Stückzahl

Spannungen zwischen dem währungsrechtlich verfügten Annahmezwang und dem Grundsatz der Vertragsfreiheit treten mitunter auch im Bereich des öffentlichen Personennahverkehrs zu Tage. So enthalten etwa die Beförderungsbedingungen verschiedener Verkehrsverbund-Gesellschaften Regelungen, wonach das Fahrpersonal nicht verpflichtet ist, Ein- und

---

295 OLG Hamm, NJOZ 2019, 1660, 1661; best. durch BGH, NJW 2019, 3778, passim; bereits BGH, NJW 1993, 721, 722.

296 Siehe etwa § 7 Abs. 1 Satz 2 der BefBed. des VV Rhein-Neckar (VRN), Stand: 01/2022 („Das Fahrpersonal ist nicht verpflichtet, Geldbeträge über 10,00 Euro zu wechseln"); ebenso § 7 Abs. 1 Satz 2 der BefBed. des VV Großraum Nürnberg (VGN), Stand: 01.01.2022.

297 Siehe etwa § 7 Abs. 1 Satz 2, der BefBed. des Regensburger VV (RVV), Stand: 01.01.2022 („Das Fahrpersonal ist nicht verpflichtet, Geldbeträge über 5 € zu wechseln"); ebenso § 7 Abs. 1 Satz 2 der BefBed. des VV Ems-Jade (VEJ), Stand: 01.05.2021; § 7 Abs. 1 Satz 2 der BefBed. der VG Landkreis Vechta (VGV), Stand: 01/2011.

Zwei-Cent-Münzen im Betrag von mehr als 10 Cent anzunehmen.[298] In manchen Verbundregionen wird die Pflicht zur Annahme von Ein- und Zwei-Cent-Münzen sogar auf einen Betrag von 5 Cent beschränkt.[299] In diesen Regelungen ist zunächst eine Abweichung von Art. 11 Satz 3 der Verordnung (EG) Nr. 974/98 und § 3 Abs. 1 Satz 2 MünzG zu erkennen. Aus einem Umkehrschluss ist nach vorgenannten Vorschriften grundsätzlich jedermann verpflichtet, bis zu fünfzig Münzen bei einer einzelnen Zahlung anzunehmen; Ausnahmen gelten lediglich für Euro-Umlaufmünzen und deutsche Euro-Gedenkmünzen, die „durchlöchert, verfälscht oder anders als durch den gewöhnlichen Umlauf verändert sind", § 3 Abs. 3 Satz 1 MünzG. Jedoch kann grundsätzlich auch im Bereich des öffentlichen Personennahverkehrswesens auf privatvertraglicher Ebene von den währungsrechtlichen Vorgaben zugunsten des jeweils ausführenden Verkehrsunternehmens abgewichen werden. Beförderungsbedingungen sind Allgemeine Geschäftsbedingungen i.S. des § 305 Abs. 1 BGB und werden unter den Voraussetzungen des § 305a Nr. 1 BGB wirksam in den zwischen Verkehrsunternehmen und Fahrgast geschlossenen Beförderungsvertrag einbezogen.[300]

Unabhängig von einer etwaigen Vertragseinbeziehung stellt sich allerdings die Frage nach der AGB-rechtlichen Wirksamkeit von Regelungen, die die grundsätzlich bestehende währungsrechtliche Annahmepflicht des Geldgläubigers von bis zu fünfzig Münzen bei einer einzelnen Zahlung teilweise erheblich einschränken. Diese Frage kann wie dargestellt nur unter Berücksichtigung des Grades der Abweichung im jeweiligen Einzelfall beantwortet werden. Zu beachten gilt jedoch in der vorliegend zu beurteilenden Konstellation insbesondere, dass das Angebot von Verkehrsleistungen im öffentlichen Personennahverkehr eine Aufgabe der Daseins-

---

298 Siehe etwa § 6 Nr. 2. Buchst. a), der BefBed. des Regio-VV Freiburg (RVF), Stand: 01/2022; § 5 Abs. 5 Nr. 1 der BefBed. des Rhein-Main-VV (RMV), Stand: 01.01.2022; sowie § 7 Abs. 1 der BefBed. der Verkehrsunternehmen im Nordhess. VV (NVV), Stand: 15.10.2020; vgl. auch § 7 Abs. 1 Satz 2, der BefBed. des Regensburger VV (RVV), Stand: 01.01.2022 („Eincentstücke im Betrag von mehr als 10 Cent").

299 Siehe etwa § 7 Abs. 1 Satz 2 der BefBed. des VV Rhein-Neckar (VRN), Stand: 01/2022; Ziff. 7 Buchst. a) Satz 2 der BefBed. der Verkehrsunternehmen im VV Rhein-Mosel (VRM), Stand: 01/2022; § 7 Abs. 1 Satz 3 der BefBed. des VV Großraum Nürnberg (VGN), Stand: 01.01.2022.

300 Näher zu den Einbeziehungsvorauss. des § 305a Nr. 1 BGB *Spruß*, Die Einbeziehung Allgemeiner Geschäftsbedingungen im deutschen Recht, 2010, S. 265–269.

vorsorge darstellt.[301] Auch wenn ein Träger öffentlicher Verwaltung eine Aufgabe der Daseinsvorsorge in der Organisationsform des Privatrechts (hier: etwa in Form einer GmbH)[302] wahrnimmt, bleibt er an die Grundrechte sowie an einfachgesetzliche Vorschriften des öffentlichen Rechts gebunden.[303] Die rechtlichen Grenzen der Inanspruchnahme einseitiger Vertragsgestaltungsfreiheit sind somit enger als die Grenzen einer Inhaltskontrolle nach AGB-Recht (§§ 307–309, 310 Abs. 3 Nr. 3 BGB).

Ob es den Verkehrsverbund-Gesellschaften aus diesem Grund dennoch gestattet ist, in ihren Beförderungsbedingungen besonders weitgehende Annahmebeschränkungen von Ein- und Zwei-Cent-Münzen, etwa auf einen Betrag von 5 Cent, festzulegen, ist zweifelhaft. Einer gesetzlichen Beförderungspflicht unterliegen die durchführenden Verkehrs- und Eisenbahnverkehrsunternehmen jedenfalls nur, sofern die für sie geltenden Beförderungsbedingungen eingehalten werden, § 22 Nr. 1 PBefG bzw. § 10 Nr. 1 AEG.

Nach der bereits zitierten BGH-Rechtsprechung zu einer in AGB enthaltenen Barzahlungsbeschränkung[304] ist im Rahmen der Inhaltskontrolle von AGB-Klauseln über Zahlungsmodalitäten jedenfalls eine Abwägung erforderlich, inwieweit den Vertragspartnern die mit den Rationalisierungsvorteilen auf Seiten der Verwender (hier: der Verkehrsverbund-Gesellschaften) verbundenen Nachteile zumutbar sind.[305] Es kann zwar nicht *per se* als eine unangemessene Benachteiligung der Fahrgäste angesehen werden, „wenn sie durch eine Klausel gezwungen werden, sich im Interesse einer wirtschaftlich sinnvollen Abwicklung des Vertrages [einer] allgemeinen Übung anzupassen."[306] Ob insbesondere Annahmebeschränkun-

301 Die Sicherung und Ausgestaltung des öffentlichen Personennahverkehrs wird in allen landesrechtlichen Nahverkehrs- oder ÖPNV-Gesetzen als eine Aufgabe der Daseinsvorsorge bezeichnet, siehe § 5 ÖPNVG BW; Art. 2 Abs. 1 Satz 1 ÖPNVG BY; § 2 Abs. 1 Satz 1 ÖPNVG BE; § 2 Abs. 1 ÖPNVG BB; § 2 Abs. 1 Satz 1 ÖPNVG HB; § 4 Abs. 1 ÖPNVG HE; § 2 Abs. 1 Satz 1 ÖPNVG MV (nicht ausdr.); § 2 Abs. 2 NVG NI; § 1 Abs. 1 ÖPNVG NW; § 4 Abs. 1 Satz 1 NVG RP; § 2 Abs. 1 Satz 1 ÖPNVG SL; § 2 Abs. 1 Satz 1 ÖPNVG SN; § 1 Abs. 1 ÖPNVG ST; § 1 Abs. 1 ÖPNVG SH; § 2 Abs. 1 Satz 1 ÖPNVG TH; siehe für HH jedenfalls § 2 Abs. 10 Satz 2 HmbTG.

302 Vgl. die in Fn. 296-299 genannten VV-Gesellschaften, die allesamt als GmbH organisiert sind.

303 OLG Hamm, Urt. v. 11.10.2013 – I-12 U 15/13, BeckRS 2013, 20587, Ziff. II. 6. c).

304 Siehe oben Ziff. D. II. 1. b).

305 Vgl. BGH, NJW 1996, 988, 989; NJW 2010, 2719, 2720.

306 Vgl. BGH, NJW 1996, 988.

gen von Ein- und Zwei-Cent-Münzen auf einen Betrag von 5 Cent einer etablierten allgemeinen Übung entsprechen, ist jedoch fraglich.

4. Annahme von beschädigten Geldzeichen

Im Hinblick auf die Annahmeverzug-begründende Wirkung von Euro-Banknoten und -Münzen können neben privatvertraglichen Abreden und Treu- und Glaubenspflichten auch die physischen Merkmale der Geldzeichen von Relevanz sein. Ab einem gewissen Grad können Zustandsveränderungen nämlich dazu führen, dass Euro-Banknoten und -Münzen – trotz ihrer Eigenschaft als gesetzliche Zahlungsmittel – keinem gesetzlichen Annahmezwang mehr unterliegen. Das Europarecht trifft im Hinblick auf die Anforderungen an einen zustandsbedingten Verlust der Annahmepflicht keine Festlegungen, so dass im Einklang mit der Regierungsbegründung zu § 3 Abs. 3 MünzG davon ausgegangen werden kann, „dass die Mitgliedstaaten eine selbstständige Regelung treffen können."[307]

a) Verlust der Zahlungsmitteleigenschaft von Münzen

Für Euro- und Cent-Münzen ist der Grad der vorausgesetzten Zustandsbeeinträchtigung für den Verlust ihrer Zahlungsmitteleigenschaft in § 3 Abs. 3 Satz 1 MünzG definiert. Demnach ist niemand verpflichtet, Euro-Umlaufmünzen und deutsche Euro-Gedenkmünzen, „die durchlöchert, verfälscht oder anders als durch den gewöhnlichen Umlauf verändert sind", anzunehmen. Aus dieser Regelung folgt, dass insbesondere nutzungsübliche Verschleißerscheinungen den Satus von Euro- und Cent-Münzen als gesetzliches Zahlungsmittel nicht betreffen.

Eine ähnliche Regelung existiert auch im österreichischen Recht. Nach § 14 Abs. 2 des österreichischen ScheidemünzenG sind „Scheidemünzen [u.a. Euro- und Cent-Münzen], die auf andere Weise als durch gewöhnlichen Umlauf an Gewicht verloren haben oder sonst auffallend verändert wurden, […] keine gesetzlichen Zahlungsmittel" mehr. Auch hieraus folgt, dass Scheidemünzen, deren Zustand sich nur durch „längeren Umlauf" verändert hat, im Zahlungsverkehr weiterhin verwendet werden dürfen. Diese Auffassung wird durch § 14 Abs. 1 ScheidemünzenG bestätigt. Die genauen Anforderungen an einen zustandsbedingten Verlust der

307 BT-Drucks. 14/1673, S. 12.

Annahmepflicht für Euro- und Cent-Münzen bleiben jedoch stets einer Prüfung im Einzelfall vorbehalten.

b) Verlust der Zahlungsmitteleigenschaft von Banknoten

Für Euro-Banknoten fehlt eine gesetzliche Regelung, die den Grad der vorausgesetzten Zustandsbeeinträchtigung für den Verlust ihrer Eigenschaft als gesetzliches Zahlungsmittel definiert. Jedoch besteht auch die Zahlungsmitteleigenschaft von Euro-Banknoten selbstverständlich nicht grenzenlos fort. Ein Recht, die Annahme einer Euro-Banknote als Mittel zur Erfüllung einer Geldschuld zu verweigern, ohne dabei in Annahmeverzug zu geraten, kann etwa dann anzunehmen sein, „wenn die Banknote derart in ihrer Substanz beeinträchtigt ist, daß sie die für den Notentyp kennzeichnenden Merkmale nicht mehr vollständig wiedergibt oder das Erscheinungsbild im ganzen erheblich verändert ist.“[308] Ab wann diese Voraussetzungen im Einzelfall als erfüllt anzusehen sind, ist allerdings nicht eindeutig.

Eine für den Verlust der Zahlungsmitteleigenschaft von Banknoten relevante Zustandsbeeinträchtigung kann beispielsweise dann erreicht sein, wenn nur noch die Hälfte oder ein geringerer Bruchteil einer Banknote vorhanden ist.[309] Ab diesem Grad der Beschädigung besteht eine Ersatzpflicht der Bundesbank für eine Banknote nur noch, wenn der Ersatzsuchende den Nachweis erbringt, dass die fehlenden Banknotenteile vernichtet wurden, Art. 3 Abs. 1 lit. b) des EZB-Beschlusses vom 19. April 2013 über die Stückelung, Merkmale und Reproduktion sowie den Umtausch und Einzug von Euro-Banknoten (EZB/2013/10)[310] i.V. mit § 3 Satz 1 BBankG.[311] Diesen Nachweis wird insbesondere der Empfänger eines Banknotenbruchteils üblicherweise nicht führen können. Die Leistung der Hälfte oder eines geringeren Bruchteils einer Banknote kann somit nur in seltenen (theoretisch denkbaren) Ausnahmefällen geeignet sein, den Annahmeverzug des Geldgläubigers herbeizuführen.

---

308 *Breunig*, Nichtablehnbarkeit von Giralgeld und Einlagensicherung, 1986, S. 11; nahezu wortgleich *Fögen*, Geld- und Währungsrecht, 1969, S. 26; ähnl. auch BVerwG, NJW 1994, 954 (starke Zustandsbeeinträchtigung).

309 So im Erg. auch *Omlor*, Geldprivatrecht, 2014, S. 125.

310 Fundstelle oben Fn. 34.

311 Näher zu den Vorauss. einer Ersatzpflicht VGH Hessen, Urt. v. 23.03.2016 – 6 A 682/15.

aa) Ersatzpflicht für beschädigte Banknoten

Grundsätzlich gilt, dass Euro-Banknoten, die aufgrund einer wie auch immer gearteten Zustandsbeeinträchtigung den gesetzlichen Voraussetzungen für einen Umtausch durch eine nationale Zentralbank unterfallen (vgl. Art. 3 EZB/2013/10), keinem gesetzlichen Annahmezwang mehr unterliegen. So urteilte beispielsweise auch das AG München, dass mit einem Stempelaufdruck versehene 50-Euro-Banknoten, die „erst bei der Bundesbank umgetauscht werden müssen um als gesetzliches Zahlungsmittel akzeptiert zu werden,“ nicht geeignet seien, die Erfüllung einer Geldschuld i.S. des § 362 Abs. 1 BGB zu bewirken.[312] Da derartig bedruckte Banknoten im Rechtsverkehr „unstreitig häufig nicht“ als Zahlungsmittel akzeptiert würden, seien sie nicht geeignet, dem Geldgläubiger abstrakte Vermögensmacht zu vermitteln.[313]

Zwar ist die Validität der Aussage, wonach mit einem Stempelaufdruck versehene 50-Euro-Banknoten „häufig nicht“ als Zahlungsmittel akzeptiert werden, empirisch nicht gesichert. Dem AG München ist jedoch darin zuzustimmen, dass es dem Geldgläubiger im Hinblick auf die Erfüllungswirkung von Banknoten grundsätzlich nicht „auferlegt werden [kann], die übergebenen Geldscheine [– vor einer eigenen Nutzung als Zahlungsmittel –] bei der Bundesbank umzutauschen.“[314] Demnach unterliegen Geldzeichen, die den gesetzlichen Voraussetzungen für eine Ersatzpflicht durch eine nationale Zentralbank unterfallen, grundsätzlich keinem gesetzlichen Annahmezwang mehr.

bb) Grenzen der Gültigkeit

Es gilt allerdings zu berücksichtigen, dass der Verlust der Zahlungsmitteleigenschaft einer Banknote nicht gleichzeitig mit ihrer Ungültigkeit einhergehen muss. Denn Banknoten behalten selbst dann ihre Gültigkeit, wenn sie in ihrem Zustand so stark beeinträchtigt sind, dass „ihre Annahme als Erfüllung von einem Gläubiger eines Zahlungsanspruchs abgelehnt werden kann“.[315] Ungültigkeit in diesem Sinne bedeutet, dass eine Ersatz-

312 AG München, Urt. v. 09.06.2010 – 233 C 7650/10, openJur 2012, 108914.

313 Ebd.

314 Ebd.

315 BVerwG, NJW 1994, 954; zust. *Häde*, JuS 1994, 923, 925 („[Gültigkeit] erlischt nicht schon mit dem Verlust der Umlauffähigkeit.“).

pflicht der Bundesbank aufgrund des Beschädigungsgrads der Banknote nicht mehr besteht. Es bleibt daher stets einer Einzelfallbetrachtung vorbehalten, ob eine in bestimmter Weise beschädigte Banknote einer Annahmepflicht durch den Gläubiger oder, alternativ, einer Ersatzpflicht durch die Bundesbank unterliegt.

c) Nutzungsübliche Verschleißerscheinungen

Im Unterschied zu den zuvor dargestellten Arten von Beschädigungen lassen nutzungsübliche Verschleißerscheinungen den Status von Euro-Banknoten und -Münzen als gesetzliche Zahlungsmittel unberührt.[316] Unterhalb der Schwelle einer die Annahmeverweigerung des Geldgläubigers rechtfertigenden Zustandsbeeinträchtigung haben Unterschiede im Erhaltungsgrad zwischen den einzelnen Geldzeichen keine Auswirkung auf ihre Eigenschaft als gesetzliches Zahlungsmittel. Durch nutzungsüblichen Gebrauch verschlissene Geldzeichen sind in gleichem Maße wie etwa kassenfrische Banknoten oder prägefrische Münzen geeignet, abstrakte Vermögensmacht zu vermitteln und der Erfüllung einer Geldschuld zu dienen.

Vor dem Hintergrund, dass herkömmliche Zustandsbeeinträchtigungen grundsätzlich keine Auswirkung auf die Eigenschaft von Banknoten oder Münzen als gesetzliche Zahlungsmittel haben, wird in der Literatur[317] und in der Instanzrechtsprechung[318] verschiedentlich durchaus zutreffend darauf hingewiesen, dass Geld in seiner Eigenschaft *als Tauschmittel* nicht „mittlerer Art und Güte“ geschuldet wird. Der Geldgläubiger ist demnach grundsätzlich nicht berechtigt, nutzungsüblich verschlissene Geldzeichen

---

316 *Omlor*, Geldprivatrecht, 2014, S. 125.

317 Siehe etwa *Freitag*, in: BeckOGK, BGB, Stand: 15.03.2021, § 244 Rn. 68; *Omlor*, ZHR 2019, 294, 320 („Es existiert keine taugliche Gattung, aus welcher Geld „von mittlerer Art und Güte i.S.d. § 243 Abs. 1 BGB entnehmbar wäre.“); *Bergdolt*, in: Dauner-Lieb/Langen, BGB SchuldR., 4. Aufl. 2021, § 245 Rn. 11 („Geld ‚mittlerer Art und Güte‘ […] gibt es nicht.“); *Heermann*, Geld und Geldgeschäfte, 2003, S. 24 Rn. 4 („Es gibt kein Geld von mittlerer […] Art und Güte“); *Katz*, Die Konzentration der Geldschuld, 1934, S. 10 („Geld ‚mittlerer Art und Güte‘ gibt es nicht. Im Rechtssinne ist alles Geld gleich gut.“); *Tiemann*, Die Geldschuld, 1932, S. 27 („Es gibt keine Geldzeichen verschiedener ‚Art und Güte‘“); wohl auch *Gramlich*, BBankG, WährungsG, MünzG, 1988, § 3 MünzG [1950] Rn. 8.

318 AG München, Urt. v. 09.06.2010 – 233 C 7650/10, openJur 2012, 108914 („Der Schuldner hat nicht Geldscheine mittlerer Art und Güte zu leisten, sondern ein Quantum an Vermögensmacht zu verschaffen“).

ablehnen, ohne dabei in Annahmeverzug zu geraten. Nur, wenn die Übereignung bestimmter oder ihrer Sorte nach bestimmbarer Geldzeichen *als Ware* geschuldet ist (Geldstück- oder Geldsortenschulden), können Banknoten und Münzen mittlerer Art und Güte zu leisten sein. In diesem Fall ist allerdings eine Sachschuld in Form einer Stück- oder Gattungsschuld anzunehmen ist,[319] so dass etwa auch nutzungsübliche Verschleißerscheinungen einen Sachmangel begründen können.

5. Entgelte und Ermäßigungen für Zahlungen mit Bargeld

Es ist eine noch nicht abschließend geklärte Rechtsfrage, inwieweit eine Vereinbarung von Entgelten für Zahlungen mit Bargeld zulässig ist. Bisher ist eine ausdrückliche gesetzliche Regelung nur für unbare Zahlungsarten erlassen worden.

Nach § 270a Satz 1 BGB ist eine Vereinbarung, durch die der Schuldner verpflichtet wird, ein Entgelt für die Nutzung bestimmter *bargeldloser* Zahlungsarten (bspw. SEPA-Basislastschrift, Debit- und Kreditkarten) zu entrichten, unwirksam. Die Vorschrift setzt die entsprechende Vorgabe aus Art. 62 Abs. 4 der Zweiten Zahlungsdiensterichtlinie (2015/2366/EU)[320] um und soll Verbraucher vor unerwarteten Entgeltforderungen schützen (vgl. EWG 66). In seinem Anwendungsbereich steht § 270a Satz 1 BGB neben der Entgelt-Regelung aus § 312a Abs. 4 BGB, wonach Verbrauchern mindestens eine gängige und zumutbare unentgeltliche Zahlungsmöglichkeit angeboten werden muss.[321] Mangels einer gesetzlichen Eingrenzung gilt das in § 270a BGB verankerte Entgeltverbot für bestimmte bargeldlose Zahlungsarten sowohl für den stationären als auch für den Online-Handel.

---

319 Vgl. *Heermann*, Geld und Geldgeschäfte, 2003, S. 24 f.; *Grothe*, in: BeckOK, BGB, Stand: 01.02.2020, § 244 Rn. 11; *Schulze*, in: HandKomm. BGB, 9. Aufl. 2017, § 244 Rn. 5; siehe zur Abgrenzung zwischen echten und unechten Geldsortenschulden *Grothe*, Fremdwährungsverbindlichkeiten, 1999, S. 32 f.

320 ABl. EU 2015, Nr. L 337/35 ff.

321 Siehe Begr. der BReg. zu § 270a BGB-E, BT-Drucks. 18/11495, S. 146 („§ 270a BGB-E tritt mit einem eigenständigen Anwendungsbereich neben § 312a Absatz 4 BGB.“).

a) Ermäßigungen für Barzahlungen

Zahlungen mit Bargeld sind vom Anwendungsbereich des § 270a Satz 1 BGB nicht erfasst. Allerdings kann § 270a Satz 1 BGB Barzahlungen mittelbar betreffen. Beispielsweise soll nach verschiedenen Literaturstimmen die Einräumung von Ermäßigungen für Barzahlungen gemäß § 270a Satz 1 BGB unzulässig sein, wenn diese dazu führen würden, dass eine unbare Zahlungsart effektiv verteuert wird.[322] Dieses Verständnis wird durch die Regierungsbegründung zu § 270a BGB bestätigt, wonach das Verbot, Entgelte für bestimmte unbare Zahlungsarten zu verlangen, berührt sein kann, „wenn es durch die Einräumung von Ermäßigungen oder Anreizsystemen [im Verhältnis zwischen Schuldner und Gläubiger] umgangen werden soll."[323] Es ist demnach davon auszugehen, dass Ermäßigungen für Barzahlungen grundsätzlich als unzulässig anzusehen sind.

b) Entgelte für Barzahlungen

Neben Ermäßigungen können auch Entgelte für Barzahlungen im Einzelfall unzulässig sein. Obwohl Entgelte für Barzahlungen keineswegs weit verbreitet sind, existieren in der Praxis Bestimmungen, durch die der Geldschuldner verpflichtet wird, ein Entgelt für eine Zahlung mit Bargeld zu entrichten. Beispielsweise verlangt das Studierendenwerk Kassel seit dem 6. April 2020 einen Aufschlag von zehn Cent für Barzahlungen in Mensen und Cafeterien.[324] Zur Rechtfertigung beruft sich das Studierendenwerk darauf, dass mit der Abwicklung des Bargeldverkehrs „für das Studierendenwerk ein hoher personeller Aufwand und Kosten verbunden" seien.[325] In ähnlicher Weise hat auch die nordrhein-westfälische Landeshauptstadt Düsseldorf (Amt für Einwohnerwesen) ihre Entscheidung begründet, ab dem 3. Mai 2016 eine Gebühr von 1 Euro für Barzahlungen über 10 Euro

---

322 *Schmalenbach*, in: BeckOK, BGB, Stand: 01.11.2021, § 270a Rn. 8; *Krüger*, in: MünchKomm, BGB, 8. Aufl. 2019, § 270a Rn. 10 (Verschleierung eines Entgelts „durch systematisch gewährte Barzahlungsrabatte").

323 BT-Drucks. 18/11495, S. 146.

324 Siehe Mitteilung des Studierendenwerks Kassel, veröff. am 03.02.2020, abrufbar unter: https://www.studierendenwerk-kassel.de/news/aktuelles/?tx_ttnews%5Btt_news%5D=2452&cHash=b46891040acd29fe7c066f9dc7148473.

325 *Ludwig*, in: HNA, veröff. am 06.02.2020, abrufbar unter: https://www.hna.de/kassel/kassel-uni-mensa-cafeteria-barzahler-aufschlag-13526913.html.

zu erheben. Durch die Zusatzgebühr soll ein Ausgleich für den „Aufwand geschaffen werden, der bei Bargeldzahlungen entsteht".[326]

Sofern Entgelte für Barzahlungen in privatrechtlichen Vereinbarungen (insbesondere in AGB) enthalten sind, können diesen durch Art. 128 Abs. 1 Satz 3 AEUV und dem Benachteiligungsverbot gemäß § 307 Abs. 1 Satz 1 BGB Grenzen gesetzt sein. Ein in AGB enthaltenes Entgelt, das – wie im Falle des Studierendenwerks Kassel – den Kostenaufwand abgelten soll, der im Zusammenhang mit Barzahlungen anfällt, ist als kontrollfähige Preisnebenabrede zu beurteilen. Denn eine Abrede, „die keine echte (Gegen-)Leistung" zum Gegenstand hat, sondern mit der „der Klauselverwender allgemeine Betriebskosten [...] auf den Kunden abwälzt, die der Verwender im eigenen Interesse erbringt," ist der AGB-rechtlichen Inhaltskontrolle unterworfen.[327] Auch weicht ein Barzahlungsentgelt vom gesetzlichen Grundgedanken des Art. 128 Abs. 1 Satz 3 AEUV ab, wonach gesetzliche Zahlungsmittel grundsätzlich zum Nennwert anzunehmen sind.[328] Eine Entgeltbestimmung für Barzahlungen kann daher gem. § 307 Abs. 2 Nr. 1, Abs. 1 Satz 1 BGB unwirksam sein, jedenfalls sofern das zu leistende Entgelt eine bestimmte (unangemessene) Höhe erreicht.

Sofern dem Verwendungsgegner eine andere gängige und zumutbare unentgeltliche Zahlungsmöglichkeit (bspw. Debit- und Kreditkarte) angeboten wird, ist aber nicht anzunehmen, dass ein Entgelt für Barzahlungen *per se* unangemessen ist, auch wenn der Verwendungsgegner selbstverständlich auf die mit einer Barzahlung verbundenen Vorteile (bspw. Anonymität) verzichten muss. Andere Maßstäbe können für hoheitlich auferlegte Geldleistungspflichten (bspw. die Rundfunkbeitragspflicht) gelten, die aber nicht Gegenstand der vorliegenden Untersuchung sind.

6. Verpflichtende Annahme von unbaren Zahlungsmitteln

Während Buchgeld teilweise als Geld i.S. bestimmter Rechtsnormen angesehen werden kann, unterliegen zu Zahlungszwecken genutzte Sichtguthaben – unabhängig vom Grad ihrer Verbreitung oder der Erfüllung von

326 Pressemitteilung der Landeshauptstadt Düsseldorf v. 03.05.2016, abrufbar unter: https://www.duesseldorf.de/fileadmin/Amt13/pld/archive/pld/d2016/d2016_05/d2016_05_04/16050313_169.pdf.

327 BGH, NJW-RR 2019, 110.

328 Vgl. ELTEG, Report on the Definition, Scope and Effects of Legal Tender, o.J., S. 7.

Geldfunktionen – keinem gesetzlichen Annahmezwang in der Euro-Währungsunion. Ein währungsrechtlich verfügter Annahmezwang gilt im Privatverkehr nur für die als gesetzliches Zahlungsmittel definierten Medien. Diese Grundregel lässt sich anhand von Beispielen in der Rechtsprechung verdeutlichen.

Beispielsweise in einer Entscheidung aus dem Jahr 1987 teilte das OLG Frankfurt am Main nicht die Auffassung des vorinstanzlichen Amtsgerichts, wonach ein Taxifahrer bei der Abwicklung eines Beförderungsvertrages, ohne dass zwischen den Parteien eine dahingehende Abrede getroffen worden war, verpflichtet gewesen sei, einen Euro-Scheck als Zahlungsmittel für die Begleichung des Fahrpreises entgegenzunehmen.[329] Bei der Verpflichtung zur Zahlung des Fahrpreises handele es sich um eine Geldschuld, die „grundsätzlich durch die Zahlung von Geld in inländischer Währung zu erfüllen" sei.[330] Zwar könne der Gläubiger einer Geldforderung an Erfüllungs statt auch andere anerkannte Zahlungsmittel wie etwa Euro-Schecks entgegennehmen. Eine originäre Annahmeverpflichtung bestünde jedoch nur bei den „gesetzlichen Zahlungsmitteln, die kraft staatlicher Anordnung angenommen werden müssen."[331] Diese Rechtsauffassung ist im Grundsatz noch immer zutreffend.

Die Übertragung einer Buchgeldposition („unbare Zahlung") kann je nach Parteivereinbarung allerdings geschuldete Leistung sein und im Einzelfall auch aus dem Gebot von Treu und Glauben (§ 242 BGB) *qua* Gesetz leistungsgegenständlich werden, wenn etwa besonders große Beträge zu leisten sind.[332] Die Frage, ob beispielsweise bei einer Banküberweisung „eine Leistung i.S. des § 362 Abs. 1 BGB oder eine Leistung an Erfüllungs statt i.S. des [§ 364] BGB vorliegt",[333] kann daher nicht generalisierend für alle auf Vertrag oder auf Gesetz beruhenden Geldschulden beantwortet werden. Ob die geschuldete Geldleistung bargeldlos i.S. des § 362 Abs. 1 BGB bewirkt werden kann, hängt vielmehr von den dem jeweiligen Schuldverhältnis zugrundeliegenden Umständen, insbesondere der Parteiabrede,[334] ab. Entsprechendes gilt für die Frage, ob eine unbare Zahlung

329 OLG Frankfurt a.M., NJW 1987, 455.

330 OLG Frankfurt a.M., NJW 1987, 455.

331 OLG Frankfurt a.M., NJW 1987, 455.

332 Siehe oben Fn. 272.

333 BGH, NJW 1999, 210, offengelassen.

334 *Omlor*, Geldprivatrecht, 2014, S. 351; *ders.*, JZ 2017, 754, 756; *Eibl*, Julian Privatheit durch Bargeld?, 2020, S. 127; *Häuser*, in: MünchKomm, HGB, 4. Aufl. 2019, Bd. 6, B. (Überweisungsverkehr) Rn. 589; *Schönle*, in: Festschr. Werner, 1984, S. 820; wohl auch *Hahn/Häde*, Währungsrecht, 2. Aufl. 2010, S. 26; *K. Schmidt*,

ein den Anforderungen des § 294 BGB entsprechendes Leistungsangebot darstellen kann.[335]

a) Aufgrund einer ergänzenden Vertragsauslegung

Eine Geldschuld kann anstatt durch Barzahlung stets etwa im Wege einer bargeldlosen Zahlung (bspw. mittels einer Banküberweisung) erfüllt werden, wenn die Parteien dies ausdrücklich oder konkludent vereinbart haben.[336] Ob einer Willenserklärung (ausdrücklich und konkludent) das Einverständnis in eine bargeldlose Zahlung entnommen werden kann, ist durch Auslegung (§§ 133, 157 BGB) zu bestimmen.

Nach der Rechtsprechung des BGH kann das stillschweigend erklärte Einverständnis des Gläubigers in eine Zahlung per Banküberweisung regelmäßig etwa „in der Bekanntgabe des Girokontos auf Briefen, Rechnungen und dergleichen an den Schuldner" liegen.[337] Die bloße Existenz eines Bankkontos ist hingegen für die Annahme eines stillschweigenden Einverständnisses in eine bargeldlose Zahlung nicht ausreichend,[338] auch wenn Teile der Literatur bereits in der Unterhaltung eines Bankkontos „die stillschweigende Zustimmung zur bargeldlosen Erfüllung von Geldschulden kraft Vertrauensprinzip" erkennen wollen.[339]

Neben der Bekanntgabe eines Girokontos kann auch die Höhe der geschuldeten Geldsumme im Rahmen der ergänzenden Vertragsauslegung von Bedeutung sein. Beispielsweise soll nach vereinzelten Literaturstimmen bei „hohen Summen" (insb. ab einem Betrag i.H. von 10.000 Euro) mit Rücksicht auf die Verkehrssitte (§ 157 BGB) oder einen Handelsbrauch (§ 346 HGB) ein konkludenter Ausschluss der Bargeldzahlung sogar re-

---

in: Staudinger, BGB, 13. Bearb. 1997, Vorbem. zu §§ 244 ff. Rz. C 45; näher und differenzierend zwischen der Überweisung und anderen bargeldlosen Zahlungsformen *Langenbucher*, AcP 218 (2018), 385, 400 ff.; wohl a.A. *Olzen*, in: Staudinger, BGB, Neubearb. 2016, Vorbem. zu §§ 362 ff. Rn. 23 („Buch- und Sachgeld sind rechtlich nicht gleichzustellen").

335 Vgl. *Huber*, Leistungsstörungen, Bd. 1, 1999, S. 212 („Bei Geldschulden hängen die Voraussetzungen des Annahmeverzuges von der vereinbarten Zahlungsmodalität ab.").

336 BGH, NJW-RR 2004, 1281; vgl. auch *Weenink*, JIBLR 2003, 433, 437.

337 BGH, NJW-RR 2004, 1281.

338 *Häuser*, in: MünchKomm, HGB, 4. Aufl. 2019, Bd. 6, B. (Überweisungsverkehr) Rn. 584.

339 *Schönle*, in: Festschr. Werner, 1984, S. 819 f.; ähnl. *Rabel*, Das Recht des Warenkaufs, Bd. 2, 1958, S. 29.

gemäßig anzunehmen sein.[340] Allerdings ist unklar, für welche Verkehrskreise eine auf bargeldlose Zahlung gerichtete Verkehrssitte ab einem Betrag i.H. von beispielsweise10.000 Euro bestehen soll. Auch ist unklar, inwieweit sich vor dem Hintergrund einer währungsrechtlich statuierten Annahmepflicht für Bargeld eine auf bargeldlose Zahlung gerichtete Verkehrssitte überhaupt wirksam bilden kann. Beide Rechtsfragen rechtfertigen eine genauere Untersuchung.

Auch wenn sich den an einer Transaktion beteiligten Parteien weitgehende privatautonome Gestaltungsmöglichkeiten bieten, um eine bargeldlose Zahlung zuzulassen oder als ausschließlich zu vereinbaren, zeigen Teile der Literatur eine Tendenz, über Auslegungsregeln für Verträge eine „quasi-gesetzliche“ Annahmepflicht für bargeldlose Zahlungsarten herzuleiten. Die Leistung bargeldloser Zahlungen sollte – unabhängig von der Höhe der geschuldeten Geldsumme oder der Existenz eines Bankkontos – allerdings nur dann zur Erfüllung führen, „sofern nicht […] ein erkennbarer Wille des Gläubigers entgegensteht“.[341]

b) Aufgrund eines Rechtssetzungsakts der Exekutive

Eine Verpflichtung des (privaten) Geldgläubigers zur Annahme von bargeldlosen Zahlungsmitteln kann sich jenseits einer Parteivereinbarung etwa auch durch einen Rechtssetzungsakt der Exekutive ergeben. Beispielsweise am 13. Januar 2015 hat das Bundesland Berlin auf Grundlage von § 51 Abs. 1 S. 1 Nr. 5 PBefG eine Änderungsverordnung zu seiner Taxentarifverordnung (TaxentarifVO) erlassen,[342] wonach Taxiunternehmer nunmehr verpflichtet sind, die Bezahlung des Beförderungsentgelts durch den Fahrgast mittels Kredit- oder Debitkarte zu akzeptieren. Die Vereinbarkeit dieser Regelung mit Art. 128 Abs. 1 Satz 3 AEUV und § 14 Abs. 1 Satz 2 BBankG ist allerdings zweifelhaft.

In einem die TaxentarifVO betreffenden vorläufigen Rechtsschutzverfahren hat der 1. Senat des Oberverwaltungsgerichts Berlin-Brandenburg am 18. Dezember 2015 entschieden, dass gegen die Neuregelung in § 7 Abs. 2 TaxentarifVO, wonach „[a]uf Wunsch des Fahrgastes […] in jeder

---

340 Insb. bei „Distanzgeschäften“ *Omlor*, Geldprivatrecht, 2014, S. 352; *ders.*, JZ 2017, 754, 757 f.; abgeschwächt („kann“) auch *K. Schmidt*, in: Staudinger, BGB, 13. Bearb. 1997, Vorbem. zu §§ 244 ff. Rz. C 37.

341 So für eine Überweisung LG Wuppertal, NJW-RR 1995, 178, 179.

342 GVBl. Berlin 2015, S. 6.

Taxe bargeldlose Zahlung durch Kredit- oder Debitkarten angenommen werden" muss, keine grundsätzlichen Rechtmäßigkeitsbedenken bestünden.[343] Insbesondere greife § 7 Abs. 2 TaxentarifVO „offensichtlich nicht in den Regelungskreis des § 14 BBankG über die Ausgabe von EuroBanknoten als unbeschränkt gesetzliches Zahlungsmittel ein".[344] Denn durch die Regelung in § 7 Abs. 2 TaxentarifVO werde dem Fahrgast „lediglich eine weitere Zahlungsmöglichkeit (‚in Euro') eröffnet".[345]

Eine weitergehende Begründung, insbesondere hinsichtlich der Fragestellung, inwieweit auch der Geld*gläubiger* aus Art. 128 Abs. 1 Satz 3 AEUV berechtigt sein kann, die Leistung gesetzlicher Zahlungsmittel zu verlangen, erfolgte nicht. Auch in der Literatur wird vereinzelt die Auffassung vertreten, dass die währungsrechtliche Statuierung eines unbeschränkten gesetzlichen Zahlungsmittels in Art. 128 AEUV „eine Verpflichtung zur Annahme bargeldloser Zahlung" (im Verordnungswege) nicht verbiete.[346] Ob diese Rechtsauffassung – insbesondere das Verständnis von Art. 128 Abs. 1 Satz 2 AEUV als eine Art Schuldnerschutzvorschrift – zutreffend ist, wird in weiteren Arbeiten zu klären sein. Sie wird ansatzweise bestätigt durch eine Entscheidung des BAG aus dem Jahr 1985, wonach in einem Tarifvertrag einem Arbeitnehmer (Geldgläubiger) im Verhältnis zu seinem Arbeitgeber – rechtlich unbedenklich – die Pflicht auferlegt werden kann, „bei einem Geldinstitut seiner Wahl ein zur bargeldlosen Lohn- oder Gehaltszahlung geeignetes Konto einzurichten."[347] Diese Praxis ist noch immer üblich. Es gilt jedoch zu berücksichtigen, dass Rechtsverordnungen und Tarifverträge keine identische Rechtsnatur haben, so dass eine unterschiedliche Behandlung gerechtfertigt sein kann. Auch wurde die tarifvertragliche Regelung seinerzeit nicht an Art. 128 Abs. 1 Satz 2 AEUV gemessen.

---

343 OVG Berlin-Brand., Beschl. v. 18.12.2015 – 1 S 76.15, BeckRS 2016, 40395.

344 Ebd., Ziff. II. 1. b.

345 Ebd.

346 *Wüstenberg*, LKV 2015, 352, 354.

347 BAG, NZA 1985, 160, 161.

E. Fazit und Ausblick

Die innerhalb eines Währungsraums als gesetzliches Zahlungsmittel geltenden Medien sind einer stetigen Veränderung unterworfen. Dies gilt in gewissen Grenzen auch für die mit dem Status eines gesetzlichen Zahlungsmittels einhergehenden Rechtswirkungen. Aufgrund der aus der allgemeinen Handlungsfreiheit abgeleiteten Geldwahlfreiheit steht den an einer Transaktion beteiligten Parteien die Wahl des Tauschmittels grundsätzlich frei, weswegen der Einfluss des währungsrechtlich verfügten Annahmezwangs insbesondere auf vertraglich begründete Geldschuldverhältnisse *de jure* wenig bedeutsam ist.[348] Es besteht jedoch zu Recht die Annahme, dass die währungsrechtliche Bestimmung eines gesetzlichen Zahlungsmittels der privatrechtlichen Gestaltungsfreiheit Grenzen setzen kann, so wie dies etwa in der Rechtsprechung des BGH für formularvertragliche Barzahlungsausschlüsse angedeutet wurde. Wo etwaige Grenzen verlaufen, ist allerdings nur in Ansätzen klar.

Ein Forschungsbedarf im Hinblick auf die mit der Eigenschaft eines gesetzlichen Zahlungsmittels verbundenen Rechtswirkungen besteht somit weiterhin. Insbesondere Fragen im Zusammenhang mit öffentlich-rechtlich (hoheitlich) begründeten Geldschulden (bspw. der Rundfunkbeitragsschuld) sowie mit die Geldwahlfreiheit beeinflussenden Rechtssetzungsakten der Exekutive (bspw. verpflichtende Wechselgeldkontingente oder die verpflichtende Annahme von Kredit- und Debitkarten) sind in der vorliegenden Arbeit unbeantwortet geblieben. Auch andere öffentlich-rechtliche Fragestellungen, etwa im Zusammenhang mit gesetzlichen Bargeldobergrenzen oder einer etwaigen Festlegungsbefugnis der EZB für elektronische gesetzliche Zahlungsmittel sind bisher keiner abschließenden Antwort zugeführt worden.

348 Ebenso *Eibl*, Julian Privatheit durch Bargeld?, 2020, S. 101 f. („Bedeutungsverlust des Annahmezwangs" u.a. durch einen weiten privatautonomen Gestaltungsspielraum).

Literaturverzeichnis

Albrecht, G[erhard]: Der „Neue Finanzplan“, Finanzarchiv 7 (1940), S. 147–171.

Arnold, Stefan: The Euro in German (private) law – monetary obligations and the mutual dependence of public and private law, in: Robert Freitag/Sebastian Omlor (Hrsg.), The Euro as Legal Tender, Berlin/Boston 2020, S. 141–159.

Bamberger, Heinz Georg/Roth, Herbert/Hau, Wolfgang/Poseck, Roman (Hrsg.): Beck'scher Online-Kommentar, BGB, 60. Edition München 2021.

Baskind, Eric/Osborne, Greg/Roach, Lee (Hrsg.): Commercial Law, 2nd Edition, Oxford 2016.

Bundesverband deutscher Banken (BdB): Positionspapier Digitales Bezahlen 2020, Januar 2017, abrufbar unter: https://bankenverband.de/media/files/Digitales_Bezahlen_2020_Positionspapier.pdf.

Beck, Benjamin: Bitcoins als Geld im Rechtssinne, NJW 2015, S. 580–586.

ders./König, Dominik: Bitcoins als Gegenstand von sekundären Leistungspflichten, AcP 215 (2015), S. 655–682.

Becker, Joseph: Der positiv-rechtliche Begriff des Geldes und die Rechtsprechung der obersten Gerichte, Marburg 1936.

Berger, Henning/Rübsamen, Katrin: Bundesbankgesetz, NomosKommentar, 2. Aufl. Baden-Baden 2014.

Beutel, Jochen: Differenzierte Integration in der Europäischen Wirtschafts- und Währungsunion, Berlin 2006.

Blumhagen, Hugo: Der Begriff der Geldschuld nach gemeinem Rechte, Greifswald 1898.

Breit, James: Bankgesetz, Berlin 1911.

Breunig, Bernfried: Nichtablehnbarkeit von Giralgeld und Einlagensicherung, Würzburg 1986.

Bucher, Eugen: Schweizerisches Obligationenrecht, Allgemeiner Teil, 2. Aufl. Zürich 1988.

Bülow, Arthur/Mecke, Friedrich: Hinterlegungsordnung, Kommentar, 2. Aufl. München 1979.

Burckhardt, Walther: Das Geld, ZBJV 71 (1935), S. 6–32.

Callies, Christian/Ruffert, Matthias (Hrsg.): EUV/AEUV, Kommentar, 6. Aufl. München 2022.

Danwerth, Christopher: Das Finanztransfergeschäft als Zahlungsdienst. Herausforderungen für Aufsicht, Rechtsprechung und Praxis im Lichte europäischer Rechtsetzung, Tübingen 2017.

Dauner-Lieb, Barbara/Langen, Werner: NomosKommentar BGB Bd. 2 Schuldrecht, 4. Aufl. Baden-Baden 2021.

Derleder, Peter/Knops, Kai-Oliver/Bamberger, Heinz Georg (Hrsg.): Deutsches und europäisches Bank- und Kapitalmarktrecht, Bd. 1, 3. Aufl. Berlin [u.a.] 2017.

Deutsche Bundesbank: Bargeldverwendung in Deutschland – Eine empirische Analyse zu Ausmaß und Motiven der Aufbewahrung von Bargeld in deutschen Haushalten, Frankfurt am Main 2020.

ders.: Das Papiergeld im Deutschen Reich, 1871–1948, Frankfurt am Main 1966.

ders.: Zahlungsverhalten in Deutschland 2017, Vierte Studie über die Verwendung von Bargeld und unbaren Zahlungsinstrumenten, Frankfurt am Main 2018.

Dittrich, Lars: Die Bedeutung des Rechts für die Stabilität des Geldes, Tübingen 2016.

Döll, Yves: Rückgewährstörungen beim Rücktritt, Tübingen 2011.

Duden, Konrad: Der Gestaltwandel des Geldes und seine rechtlichen Folgen, Karlsruhe 1968.

Dürig, Günter/Herzog, Roman/Scholz, Rupert: Grundgesetz Kommentar, Bd. 1 u. Bd. 5, 95. EL Apr. München Juli 2021.

Eibl, Julian: Privatheit durch Bargeld? Zu den Grenzen hoheitlicher Bargeldbeschränkungen aus dem grundrechtlichen Schutz von Privatheit, Tübingen 2020.

Enneccerus, Ludwig/Lehmann, Heinrich: Das Recht der Schuldverhältnisse, 14. Bearb. Tübingen 1954.

Epping, Volker/Hillgruber, Christian (Hrsg.): Beck'scher Onlinekommentar, Grundgesetz, 49. Edition München 2021.

Erman, Walter (Begr.): Bürgerliches Gesetzbuch, Kommentar, 15. Aufl. Köln 2017.

Euro Legal Tender Expert Group (ELTEG): Report on the definition, scope and effects of legal tender of euro banknotes and coins, Brüssel o.J., abrufbar unter: http://ec.europa.eu/economy_finance/articles/euro/documents/elteg_en.pdf.

Europäische Zentralbank: Die Geldpolitik der EZB, Frankfurt am Main 2004.

ders.: Report on a Digital Euro, Frankfurt am Main 2020.

Flume, Johannes W.: Anmerkung zu BGH, Urt. v. 14. 6.2013 – V ZR 108/12, JZ 2013, S. 1114–1116.

Fögen, Hermann: Geld- und Währungsrecht, München 1969.

Frauenfelder, Max: Das Geld als allgemeiner Rechtsbegriff, Bern 1938.

Freitag, Robert: Die Geldschuld im europäischen Privatrecht, AcP 213 (2013), S. 128–167.

ders.: Euro as Legal Tender and Banknotes, in: Fabian Amtenbrink/Christoph Herrmann (Hrsg.), The EU Law of Economic and Monetary Union, Oxford 2020, S. 595–614.

ders./Omlor, Sebastian: Introduction, in: Robert Freitag/Sebastian Omlor (Hrsg.), The Euro as Legal Tender, Berlin/Boston 2020, S. V-VII.

Gaettens, Richard: Inflationen, München 1955.

Gernhuber, Joachim: Die Erfüllung und ihre Surrogate, 2. Aufl. Tübingen 1994.

Gramlich, Ludwig: Bundesbankgesetz, Währungsgesetz, Münzgesetz, Köln [u.a.] 1988.

Groeben, Hans von der/Schwarze, Jürgen/Hatje, Armin (Hrsg.): Europäisches Unionsrecht, 7. Aufl. Baden-Baden 2015.

Grothe, Helmut: Fremdwährungsverbindlichkeiten, Berlin [u.a.] 1999.

Grüneberg, Christian: Bürgerliches Gesetzbuch, Kommentar, 81. Aufl. München 2022.

Gsell, Beate/Krüger, Wolfgang/Lorenz, Stephan/Reymann, Christoph: beck-online.Großkommentar BGB, München Stand: 01.11.2021.

Guth, Maximilian: Der Versicherungsschutz des Ship Managers, Karlsruhe 2011.

Häde, Ulrich: Geldzeichen im Recht der Bundesrepublik, Baden-Baden 1991.

ders.: Ersatzpflicht der Bundesbank für gestohlene und beschädigte Banknoten – BVerwG, NJW 1994, 954, JuS 1994, S. 923–927.

Hahn, Hugo J./Häde, Ulrich: Währungsrecht, 2. Aufl. München 2010.

Hartmann, Gustav: Ueber den rechtlichen Begriff des Geldes und den Inhalt von Geldschulden, Braunschweig 1868.

Heermann, Peter W.: Geld und Geldgeschäfte, Tübingen 2003.

Helfferich, Karl: Studien über Geld- und Bankwesen, Nachdr. des Originals von 1900, Paderborn 2013.

ders.: Das Geld, 4. Aufl. Leipzig 1919.

Herberger, Maximilian/Martinek, Michael/Rüßmann, Helmut/Weth Stephan/Würdinger, Markus: Juris Praxiskommentar BGB, Bd. 2, 8. Aufl. Saarbrücken 2017.

Herrmann, Christoph: Währungshoheit, Währungsverfassung und subjektive Rechte, Tübingen 2010.

Hösel, Wolfgang: Die Geldschuld als Wertschuld, Ilmenau/Thür 1949.

Huber, Ulrich: Leistungsstörungen, Bd. 1, Tübingen 1999.

Isele, Helmut: Geldschuld und bargeldloser Zahlungsverkehr, AcP 129 (1928), S. 129–185.

Jaeger, Ernst (Begr.): Insolvenzordnung, Großkommentar, Bd. 3, Berlin 2014.

Jung, Erich: Das privatrechtliche Wesen des Geldes, Marburg 1926.

Katz, Walter: Die Konzentration der Geldschuld, Göttingen 1934.

Kaufmann, Hugo: Zur Lehre von dem Inhalte einer Geldschuld, Crefeld 1894.

Kiefner, Hans: Geld und Geldschuld in der Privatrechtsdogmatik des 19. Jahrhunderts, in: Helmut Coing/Walter Wilhelm (Hrsg.): Wissenschaft und Kodifikation des Privatrechts im 19. Jahrhundert, Bd. V, Frankfurt am Main 1980, S. 27–54.

Kißling, Jochen: Zahlung mit elektronischen Werteinheiten, Münster 2003.

Knapp, Georg Friedrich: Staatliche Theorie des Geldes, München [u.a.] 1905.

Knepper, Hans-Dietrich: Geldschuld und Girozahlung nach deutschem bürgerlichem Recht, Würzburg 1934.

Knies, Carl: Das Geld. Darlegung der Grundlehren von dem Gelde, Berlin 1873.

Kopp, Lisa: Die Freiheit der Idee und der Schutz von Schriftwerken, Tübingen 2014.

Kratzmann, Horst: Das Geld: Vertragsobjekt, Rechtskonstrukt und ökonomische Größe, Norderstedt 2004.

Laband, Paul: Das Staatsrecht des deutschen Reiches, Bd. 3, Neudr. der 5. Aufl. 1913, Aalen 1964.

Langenbucher, Katja: Digitales Finanzwesen. Vom Bargeld zu virtuellen Währungen, AcP 218 (2018), S. 385–429.

Littmann, Georg: Das Bankguthaben, Tübingen 1931.

Lo, Stephanie/Wang, J. Christina: Bitcoin as Money?, Federal Reserve Bank of Boston, Current Policy Perspectives No. 14–4, 2014 abrufbar unter: https://www.bostonfed.org/publications/current-policy-perspectives/2014/bitcoin-as-money.aspx.

Luan, Qian: Geldschöpfungsprozess und Geld als abstraktes Schuldversprechen, Frankfurt am Main [u.a.] 2016.

Luttermann, Claus: Über Vertragsverhältnisse und Bewertungsrecht: Geld, Zeitwert und internationaler Goldstandard, Finanz-Betrieb 2008, S. 193–204.

Manger-Nestler, Cornelia/Gramlich, Ludwig: „Nur Bares ist Wahres"? – Zur Reichweite des Rechts auf Barzahlung im Kontext währungsrechtlicher Regelungen – Teil I, WM 2019, S. 1949-1957.

dies.: „Nur Bares ist Wahres"? – Zur Reichweite des Rechts auf Barzahlung im Kontext währungsrechtlicher Regelungen – Teil II, WM 2019, S. 1997-2004.

Martens, Sebastian: Grundfälle zu Geld und Geldschulden, JuS 2014, S. 105–109.

Maydell, Bernd von: Geldschuld und Geldwert, München 1974.

Mayer, Erich Carl: Ueber die Annahme von Banknoten an öffentlichen Kassen, München 1900.

Mayer, Wolfgang: Die Valutaschuld nach deutschem Recht, Mannheim [u.a.] 1934.

McBride, Nick: Payments and the concept of legal tender, Reserve Bank of New Zealand: Bulletin, Vol. 70 (2007), No. 3, S. 31–34.

Mises, Ludwig: Theorie des Geldes und der Umlaufsmittel, 2. Aufl. München und Leizpzig 1924.

Mugele, Karl: Die rechtliche Natur des Notgeldes, Frankfurt a.M. 1921.

Müller, Klaus: Bar oder unbar – eine Entscheidung des Verbrauchers, in: Deutsche Bundesbank (Hrsg.), 3. Bargeldsymposium der Deutschen Bundesbank, Frankfurt am Main 2016, S. 63–73.

Münch, Christof: Das Giralgeld in der Rechtsordnung der Bundesrepublik Deutschland, Baden-Baden 1990.

Münzer, Jens: Bitcoins – Aufsichtliche Bewertung und Risiken für Nutzer, BaFin Journal, Januar 2014, S. 26–30.

Nussbaum, Arthur: Das Geld in Theorie und Praxis des deutschen und ausländischen Rechts, Tübingen 1925.

Obst, Georg: Das Bankgeschäft, Bd. 1, 6. Aufl. Stuttgart 1923.

Ohler, Christoph: Die hoheitlichen Grundlagen der Geldordnung, JZ 2008, S. 317–324.

ders.: Europäische Kapital- und Zahlungsverkehrsfreiheit, Kommentar zu den Artikeln 56 bis 60 EGV, der Geldwäscherichtlinie und Überweisungsrichtlinie, Berlin [u.a.] 2002.

Olshausen, Ralph von: Die SEPA-Lastschrift: Erfüllung – Aufrechnung – Insolvenz, Tübingen 2015.

Omlor, Sebastian: Blockchain-basierte Zahlungsmittel, Ein Arbeitsprogramm für Gesetzgeber und Rechtswissenschaft, ZRP 2018, S. 85–89.

ders.: Geldprivatrecht, Tübingen 2014.

ders.: Geld und Währung als Digitalisate, JZ 2017, S. 754–763.

ders.: Grund und Grenzen einer Annahmepflicht von Euro-Bargeld, EuZW 2021, S. 480–485.

ders.: Kryptowährungen im Geldrecht, ZHR 2019, S. 294–345.

ders./Birne, Aurelia: Digitales Zentralbankgeld im Euroraum, RDi 2020, S. 1–10.

Peisert, Curt: Der rechtliche Inhalt einer Geldschuld – mit besonderer Berücksichtigung von Währungsänderungen, Düsseldorf 1897.

Proctor, Charles: Legal Tender under English Law, in: Robert Freitag/Sebastian Omlor (Hrsg.), The Euro as Legal Tender, Berlin/Boston 2020, S. 91–102.

Pulvermüller, Fritz: Rechtsnatur und Behandlung des privatrechtlichen Geldanspruchs, Würzburg 1974.

Rabel, Ernst: Das Recht des Warenkaufs, Bd. 2, Tübingen 1958.

Reichsbank (Hrsg.): Die Reichsbank 1901–1925, Berlin ohne Jahr.

Reichs-Kredit-Gesellschaft Aktiengesellschaft (Hrsg.): Neuer Finanzplan und Steuergutscheine, Berlin 1939.

Reinhardt, Rudolf: Vom Wesen des Geldes und seiner Einfügung in die Güterordnung des Privatrechts, in: Festschrift für Gustav Boehmer, Bonn 1954, S. 60–98.

Reinhuber, Nikolaus: Grundbegriffe und internationaler Anwendungsbereich von Währungsrecht, Berlin [u.a.] 1995.

Russenschuck, Viola: Die zivilrechtlichen Probleme des Geldausgabeautomaten, Mainz 2001.

Säcker, Franz Jürgen/Rixecker, Roland/Oetker, Hartmut/Limperg, Bettina (Hrsg.): Münchener Kommentar zum Bürgerlichen Gesetzbuch, Bd. 2 (Schuldrecht – Allgemeiner Teil I), 8. Aufl. München 2019.

Samm, Carl-Theodor: „Geld" und „Währung" – begrifflich und mit Blick auf den Vertrag von Maastricht, in: Albrecht Weber (Hrsg.), Festschrift für Prof. Dr. Hugo J. Hahn zum 70. Geburtstag, Baden-Baden 1997, S. 227–244.

Schellhammer, Kurt: Schuldrecht nach Anspruchsgrundlagen, 10. Aufl. Heidelberg [u.a.] 2018.

Schilcher, Rudolf: Geldfunktionen und Buchgeldschöpfung, 2. Aufl. Berlin 1973.

Schimansky, Herbert/Bunte, Hermann-Josef/Lwowski, Hans-Jürgen (Hrsg.): Bankrechts-Handbuch, 5. Aufl. München 2017.

Schlichting, Anja: Inkohärenzen im Geldschuldrecht, Münster 2017.

Schmidt, Karsten: ECU-Schecks und ECU-Wechsel, ZHR 159 (1995), S. 96–108.

ders.: Das Geld im BGB und im Staudinger, in: Michael Martinek/Patrick L. Sellier (Redakt.), 100 Jahre BGB – 100 Jahre Staudinger, Berlin 1999, S. 76–86.

ders./Ebke, Werner F. (Hrsg.): Münchener Kommentar zum Handelsgesetzbuch, Bd. 6 (Bankvertragsrecht), 4. Aufl. München 2019, Bd. 7 (Transportrecht), 4. Aufl. München 2020.

Schönle, Herbert: Ort und Zeit bargeldloser Zahlung, in: Walther Hadding/Ulrich Immenga/Hans-Joachim Mertens/Klemens Pleyer/Uwe H. Schneider (Hrsg.), Festschrift für Winfried Werner zum 65. Geburtstag am 17. Oktober 1984, Berlin/New York 1984, S. 817–839.

Schultz, Bruno: Kleine deutsche Geldgeschichte des 19. Und 20. Jahrhunderts, Berlin 1976.

Schulze, Reiner/Dörner, Heinrich/Ebert, Ina/Hoeren, Thomas/Kemper, Rainer/Schreiber, Klaus/Schulte-Nölke, Hans/Saenger, Ingo (Hrsg.): Bürgerliches Gesetzbuch, Handkommentar, 9. Aufl. Baden-Baden 2016.

Segendorf, Björn/Wilbe, Anna: Does cash have any future as legal tender?, Sveriges Riksbank Economic Commentaries, No. 9 2014, abrufbar unter: http://www.riksbank.se/Documents/Rapporter/Ekonomiska_kommentarer/2014/rap_ek_kom_nr09_141125_eng.pdf.

Siekmann, Helmut (Hrsg.): EWU, Kommentar zur Europäischen Währungsunion, Tübingen 2013.

ders.: Deposit Banking and the Use of Monetary Instruments, in: Fox, David / Ernst, Wolfgang (Hrsg.): Money in the Western Legal Tradition, Oxford 2016, S. 489–531.

ders.: Die Einstandspflicht der Bundesrepublik Deutschland für die Deutsche Bundesbank und die Europäische Zentralbank, IMFS Working Paper Series Nr. 120 (2017), abrufbar unter: https://www.imfs-frankfurt.de/fileadmin/user_upload/IMFS_WP_120.pdf.

ders.: Legal Tender in the Euro Area, IMFS Working Paper Series Nr. 122 (2018), abrufbar unter: https://www.imfs-frankfurt.de/fileadmin/user_upload/IMFS_WP_122.pdf.

ders.: *Monetary Aspects of the Euro as Single European Currency* – A German Perspective, in: Robert Freitag/Sebastian Omlor (Hrsg.), The Euro as Legal Tender, Berlin/Boston 2020, S. 1–50.

ders.: Restricting the Use of Cash in the European Monetary Union: Legal Aspects, in: Frank Röverkamp/Moritz Bälz/ Hanns Günther Hilpert (Hrsg.): Cash in East Asia, 2017, S. 143–178.

Simitis, Spiros: Bemerkungen zur rechtlichen Sonderstellung des Geldes, AcP 159 (1960), S. 406–466.

Spindler, Joachim von/*Becker, Willy/Starke, O.-Ernst*: Die deutsche Bundesbank, 4. Aufl. Stuttgart [u.a.] 1973.

Spruß, Christian: Die Einbeziehung allgemeiner Geschäftsbedingungen im deutschen Recht unter besonderer Berücksichtigung des europäischen Rechts und des UN-Kaufrechts, Frankfurt am Main 2010.

Staudinger, Julius von (Begr.): Kommentar zum Bürgerlichen Gesetzbuch, Bd. §§ 241–243 (Treu und Glauben), Neubearb. Berlin 2019.

ders. (Begr.): Kommentar zum Bürgerlichen Gesetzbuch, Bd. §§ 244–248 (Geldrecht), 13. Bearbeitung Berlin 1997.

ders. (Begr.): Kommentar zum Bürgerlichen Gesetzbuch, Bd. §§ 244–248 (Geldrecht), Neubearb. Berlin 2021.

ders. (Begr.): Kommentar zum Bürgerlichen Gesetzbuch, Bd. §§ 255–304 (Leistungsstörungsrecht 1), Neubearb. Berlin 2019.

ders. (Begr.): Kommentar zum Bürgerlichen Gesetzbuch, Bd. §§ 346–361 (Rücktritt und Widerruf), Neubearb. Berlin 2012.

ders. (Begr.): Kommentar zum Bürgerlichen Gesetzbuch, Bd. §§ 362–396 (Erfüllung, Hinterlegung, Aufrechnung), Neubearb. Berlin 2016.

Stebut, Dietrich von: Geld als Zahlungsmittel und Rechtsbegriff, Jura 1982, S. 561–572.

Steiner, Anja: Keine Anwendbarkeit des § 2270 II BGB auf allein mit der Auslegungsregel des § 2069 BGB ermittelte Ersatzerben – BGHZ 149, 363, JuS 2003, S. 1054–1059.

Streinz, Rudolf (Hrsg.): AEUV/EUV, Kommentar, 3. Aufl. München 2018.

Tassikas, Apostolos: Dispositives Recht und Rechtswahlfreiheit, Tübingen 2004.

Tiemann, Walter: Die Geldschuld, Marburg 1932.

Thywissen, Johann Heinrich: Sind Bankguthaben Geld im Rechtssinne, BB 1971, S. 1347–1350.

Umbach, Dieter C./Clemens, Thomas: Grundgesetz, Kommentar, Bd. II, Heidelberg 2002.

Verbeck, Dieter: Einführung, Nutzung und Verdrängung von Bargeld in der Bundesrepublik Deutschland, Bankhistorisches Archiv 41 (2015), S. 67–10.

ders.: Einführung in die Bargeldökonomie der Bundesrepublik Deutschland, Stuttgart 2017.

Verein Monetäre Modernisierung (MoMo): Entwurf für eine Geld- und Finanzmarktverfassung, Version 13, Mai 2011, abrufbar unter: https://vollgeld.files.wordpress.com/2011/05/plattform_fuer_eine_neue_geld-und_finanzmarkt-verfassung_13-mai_2011.pdf.

Weddigen, Walter: Theoretische Volkswirtschaftslehre als System der Wirtschaftstheorie, 3. Aufl. Berlin 1964.

Weenink, Hans: The Legal Nature of Euro Banknotes, JIBLR 2003, S. 433–439.

Wienbracke, Mike: Anmerkung zu BVerwG, Beschluss vom 27.3.2019 – 6 C 6.18, EuZW 2019, S. 604–610.

Wolf, Walther: Der Inhalt der Geldschuld, Heidelberg 1922.

Wüstenberg, Dirk: Berliner Taxirecht zur bargeldlosen Entgeltzahlung rechtswidrig?, LKV 2015, S. 352–356.

Alle Online-Quellen wurden zuletzt am 05.01.2022 abgerufen.